Bᴇʀɴʜᴀʀᴅ Tᴇɪᴄʜꜰɪscʜᴇʀ • Aquarien dekorativ bepflanzen

Foto: T. Amano

Bernhard Teichfischer

Aquarien dekorativ bepflanzen

Mit Wasserpflanzen-Lexikon

Dähne  Verlag

Fotonachweis:
Alle Fotos und Zeichnungen, außer den besonders gekennzeichneten, sind vom Verfasser

Die deutsche Bibiliothek – CIP-Einheitsaufnahme

Teichfischer, Bernhard:
Aquarien dekorativ bepflanzen :
mit Wasserpflanzen - Lexikon / Bernhard Teichfischer.
2. Aufl. - Ettlingen : Dähne, 1999
  ISBN 3-921684-58-7

Bernhard Teichfischer
Aquarien dekorativ bepflanzen
Mit Wasserpflanzen-Lexikon
2., überarbeitete Auflage 1999

ISBN 3-921684-58-7
© 1997 Karl-Heinz Dähne Verlag GmbH, Postfach 250, D-76256 Ettlingen

Umschlaggestaltung: Bomans Design, Siebeldingen
Lektorat: Ulrike Wesollek-Rottmann
Layout: Werner Trauthwein/Werner Schäfer
Lithos: Horlacher GmbH, Heilbronn
Druck: Graspo, spol. s.r.o., Zlín, CS

Inhalt

Vorwort

Auf die Algenbildung wird in holländischen Aquarien mit Malawisee-Cichliden besonderer Wert gelegt.   Foto: G. Hop

Ein schön eingerichtetes Aquarium ist eine Augenweide und zieht wohl jeden in seinen Bann. Mit einem Aquarium bringt man ein Stück Natur ins Heim und kann so auf recht bequeme und einfache Weise viele interessante Beobachtungen machen. Das fördert das Verständnis für biologische Zusammenhänge, denn auftretende Probleme erfordern intensives Studium der Materie und den Erfahrungsaustausch mit anderen Aquarianern. So bleibt es nicht das Hobby eines Einzelnen, sondern Gleichgesinnte schließen sich in Aquarienvereinen zusammen. Sehr empfehlenswert für wirklich Interessierte ist die Mitgliedschaft im „Arbeitskreis Wasserpflanzen im VDA". Dieser Arbeitskreis gibt viermal jährlich die sehr informative und ansprechende Zeitschrift „Aqua Planta" heraus.

Natürlich gibt es verschiedene Möglichkeiten, ein Aquarium schön einzurichten. Für Freunde großer Buntbarsche bleiben kaum andere Möglichkeiten als Steine, Wurzeln oder Plastikpflanzen, da Aquarienpflanzen in solchen Becken oft nur ein kurzes Leben haben. So wird ein Buntbarsch-Aquarium wohl meistens ein „Steinaquarium" sein. Ihm fehlt völlig das annähernde „biologische Gleichgewicht". Alle Lebensvoraussetzungen für die Fische, wie ausreichender Sauerstoff und klares Wasser müssen durch technische Einrichtungen aufrechterhalten werden. Schon ein Stromausfall kann katastrophale Folgen für die Beckeninsassen haben.

Wieviel schöner und unabhängiger von der Technik ist dagegen ein dekorativ bepflanztes und dadurch gut funktionierendes Aquarium.

In den Anfängen der Aquaristik war es unmöglich, Aquarienpflanzen längere Zeit am Leben zu erhalten, und selbst noch vor etwa 40 Jahren war ein schön bepflanztes Aquarium sehr schwer zu pflegen. Man unterschätzte beispielsweise die Lichtbedürfnisse der damals nur in sehr geringer Artenvielfalt vorhandenen Aquarienpflanzen. Die theoretischen Vorstellungen über ihr Wachstum waren ganz andere, und haben sich bis heute mehrmals geändert.

Inzwischen sind Aquarienpflanzen in vielen Ländern der Welt sehr beliebt. Sogar in den USA, wo für die Einrichtung eines Aquariums bisher fast ausschließlich Plastikpflanzen, bunter Kies und kitschige Dekorationselemente (auf- und niedersteigende Taucher, Schiffswracks, Totenköpfe, Gerippe) verwendet wurden, kommem jetzt schön bepflanzte Aquarien in Mode. In vielen Ländern Asiens (außer Japan) pflegt man bisher jedoch fast ausschließlich pflanzenlose Aquarien. Das hängt weitgehend mit dem dortigen Kult insbesondere der Chinesen zusammen. Fisch bedeutet in diesen Ländern Wohlhabenheit, Glück und Überfluß. Deshalb pflegt man hauptsächlich große und sehr teure Fische, wie Koi, Gabelbärte *(Scleropages formosus)*, Riesenguramis *(Osphromenus goramy)*, Pfauenaugenbuntbarsche *(Astronotus ocellatus)* und Goldfische in fantastischen Farben, wobei Rot als Farbe des Glücks und Gold und Silber als Edelmetallfarben besonders beliebt sind. Natürlich haben Aquarienpflanzen in solchen Becken keine Chance, zumal eine ausreichende Beleuchtung kaum üblich ist.

Interessenten, die sich ein Aquarium mit Pflanzen einrichten wollen, können sich meistens nur Anregungen in öffentlichen Anlagen, wie hier im Botanischen Garten Berlin-Dahlem holen.

Hier ist vorläufig keine Änderung der Aquarienpflege in Sicht.

Schön bepflanzte Aquarien erfreuen sich dagegen in vielen Ländern Europas, aber auch in Japan, großer Beliebtheit.

Trotz aller technischen Vervollkommnungen in den letzten drei Jahrzehnten und trotz eines großen Angebotes an Aquarienpflanzen sind wirklich schön gestaltete und gut bepflanzte Aquarien bei Aquarienliebhabern jedoch immer noch nicht häufig.

In der Aquaristik rangieren seit jeher die Fische an erster Stelle, Pflanzen werden meistens als Beiwerk behandelt und regelrecht „verbraucht".

So hat der Wasserpflanzen-Liebhaber oft scheinbar unüberwindbare Schwierigkeiten, um herauszufinden, warum seine Pflanzen im Aquarium nicht wachsen wollen. Besonders Anfängern gelingt es nur selten, ein schön bepflanztes Aquarium zu halten. Ihnen fehlen vor allem Geduld und Einfühlungsvermögen. Während sich frisch eingesetzte Fische schon nach wenigen Stunden oder höchstens einigen Tagen offensichtlich wie zu Hause fühlen, braucht ein Wasserpflanzen-Aquarium Monate bis es „funktioniert". Zwischenzeitlich macht der Ungeduldige meistens viele grundsätzliche Fehler.

Ich beschäftigte mich seit 57 Jahren mit der Aquaristik und erlebte einen großen Teil ihrer Entwicklung persönlich mit. Besonders in den letzten zwei Jahrzehnten habe ich umfangreiche Erfahrungen mit Wasserpflanzen gesammelt. Sie sind nicht nur mein Hobby, sondern ich pflegte und vermehrte ein sehr großes Sortiment auch 10 Jahre lang als selbstständiger Wasserpflanzengärtner und Zierfischzüchter. Dabei verwandte ich keine umfangreiche, industriell gefertigte Technik und käufliche Wasserchemie, die gab es in der ehemaligen DDR kaum. Ich erreichte mit einfachen Mitteln gleiche und oft bessere Resultate.

Da Aquarienpflanzen nicht, wie heute allgemein üblich, importiert werden konnten, zog ich alle selbst heran. Die dabei erworbenen Kenntnisse möchte ich nützen und meine Leser in leicht verständlicher Form an die Pflegebedingungen, wie Beleuchtung, Temperatur, Wasserchemismus, Wasserbewegung, Bodengrund, eventuelle Düngung heranführen, aber auch die speziellen Bedürfnisse und Vermehrungsmöglichkeiten der verschiedenen Arten behandeln. Es soll auch gezeigt werden, wie man durch gute Beobachtung ohne aufwendige Wasseranalysen feststellen kann, welche Mängel in der Aquarienpflanzen-Pflege vorliegen, und wie sie abgestellt werden können.

Die gängigsten Aquarienpflanzen werden lexikalisch erfaßt und viele verschiedene Möglichkeiten zur Einrichtung und Gestaltung schön bepflanzter Aquarien an verschiedenen Beispielen beschrieben.

Weinböhla, im Frühjahr 1997

Bernhard Teichfischer

Danksagung

Vor allem möchte ich allen den Aquarianern recht herzlich danken, die mich sehr freundlich aufnahmen, mich ihre Aquarien fotografieren ließen oder mir Pflanzen zur Verfünging stellten und mit denen ich sehr offen über ihre Erfahrungen diskutiert habe. Das ist teilweise Jahre her, und es sind so viele, daß ich sie leider nicht alle namentlich anführen kann.

Da schön bepflanzte Aquarien bei uns nicht sehr „dicht gesät" sind, mußte ich mich für dieses Buch dann noch kurzfristig, vor allem in Holland umsehen. Das wäre ohne die tatkräftige Unterstützung von einigen holländischen Freunden schwierig geworden und hätte sehr lange gedauert. Deshalb danke ich vor allem meinem Koifreund Dr. John Gieles, der mir zunächst als Ansprechpartner Wim Bakker vermittelte. Dieser wiederum leitete mich später an George Hop weiter. Wim Bakker und George Hop sind Wertungsrichter der holländischen Aquarienvereinigung Nederlandse Bond Aqua-Terra (N.B.A.T.), und sie verwendeten mehrere Tage, um Verbindungen zu holländischen Aquarianern herzustellen und mich zu ihnen zu bringen. So konnte ich deren Aquarien besichtigen und fotografieren.

Für Fotos danke ich besonders Takashi Amano sowie George Hop und meinem langjährigen holländischen Freund Jakob Vente.

Außerdem danke ich Herrn Karl-Heinz Dähne, daß er mich damit beauftragte, dieses Buch zu schreiben und es in einer hervorragenden Ausstattung herausbrachte.

Jedoch wäre all das, meine gesamte aquaristische Tätigkeit und auch die professionelle Beschäftigung mit Wasserpflanzen und Zierfischen nicht möglich gewesen, wenn mir dabei nicht meine Frau, Ingeborg Teichfischer, mit viel Sachverstand all die Jahre hindurch den Rücken gestärkt hätte. Sie hat unter Verzicht auf viele Annehmlichkeiten mit mir an einem Strang gezogen, und deshalb möchte ich ihr hier nochmals für die jahrzehntelange Ausdauer meinen besonderen Dank sagen.

Was sind Aquarienpflanzen?

Wie schon der Name sagt, bezeichnet man damit alle Pflanzen, die für Aquarien verwendet werden. Sie sind recht unterschiedlicher Herkunft. So werden sowohl Pflanzen aus gemäßigten Breiten als auch aus subtropischen und tropischen Gebieten eingesetzt. Dabei handelt es sich zum größten Teil um Sumpfpflanzen und nur in verschwindend kleiner Anzahl um echte Wasserpflanzen. Außerdem werden auch Zierpflanzen verwendet, die kürzere oder längere Zeit unter Wasser aushalten können.

Während echte Wasserpflanzen, wie Vallisnerien, Barclaya, Wasserpest oder Hornblatt nur unter Wasser gedeihen können und ohne Wasser sofort vertrocknen würden, sind Sumpfpflanzen in der Lage, sich unterschiedlichen Lebensbedingungen anzupassen. Einige sind ausgesprochene Lebenskünstler und werden als amphibische Pflanzen bezeichnet wie das einheimische Pfennigkraut *(Lysimachia nummularia)*. Es wächst vom Ufer her ins Wasser hinein und gedeiht dort unter Wasser ohne Probleme weiter. Man findet es auch auf feuchten Wiesen, die im Sommer völlig austrocknen und tiefe Trockenrisse zeigen.

Das Aquarium ist ein Blickfang im Wohnraum und schafft eine interessante und anheimelnde Atmosphäre. Foto: G. Hop

Die meisten Sumpf- und Wasserpflanzen machen in der Natur einen jahreszeitlich bedingten Wasserstandswechsel durch: In der niederschlagsreichen Jahreszeit sind sie überflutet, danach fällt der Wasserstand manchmal bis zum völligen Austrocknen des Gewässers. Echte Wasserpflanzen vertrocknen dann und gehen ein. Nur über Samen oder spezielle Speicherorgane, wie Knollen, Zwiebeln oder Rhizome, können sie sich in solchen Fällen vor dem Aussterben bewahren. Die anderen im Wasser lebenden Pflanzen passen sich den veränderten Bedingungen an und wachsen über die Wasseroberfläche hinaus. Dabei wechseln sie ihr Aussehen oft völlig: Die zarten Unterwasser-Sproßachsen, die vom Auftrieb des Wassers getragen wurden, stabilisieren sich, werden fest und gleichzeitig elastisch und können dadurch Wind und Wetter standhalten. Blätter, die unter Wasser wegen der besseren Ausnutzung des geringeren Lichts geschlitzt bzw. feinfiedrig waren, werden zunehmend ganzrandiger und derber (z.B. *Hygrophila difformis*). Bandförmige Unterwasserblätter von *Sagittarien* ändern sich in langstielige und löffel- oder pfeilförmige Überwasserblätter.

Diese Anpassungsfähigkeit vieler Sumpf- und Wasserpflanzen wird benutzt, um sie im Aquarium ständig untergetaucht zu pflegen. Andererseits macht man sie sich auch bei der Vermehrung zunutze, um Aquarienpflanzen sehr wirtschaftlich in Massen emers (über Wasser) in Spezialgärtnereien heranzuziehen.

Unter den Aquarienpflanzen gibt es lange bekannte und erprobte, aber auch neue Arten. Viele wachsen in den meisten Aquarien problemlos, andere benötigen besondere Voraussetzungen. Auf jeden Fall werden unter den gleichen Verhältnissen nicht alle gleich gut gedeihen. Das liegt an unterschiedlichen Licht-, Temperatur-, Nährstoff-

und Wasseransprüchen der einzelnen Arten. Einige Pflanzen behalten ihren jahreszeitlichen Rhythmus trotz veränderter Bedingungen im Aquarium bei und können deshalb nur eine gewisse Zeit unter Wasser leben. Dann ist es sinnvoll sie zwischenzeitlich wieder emers zu pflegen. Dadurch erhalten sie neue Lebenskraft.

Einige Pflanzen haben Speicherorgane wie Rhizome, Knollen oder Zwiebeln. Damit können sie, wie bereits erwähnt, ebenfalls längere Trockenperioden überstehen. Besonders darauf angewiesen sind beispielsweise die *Aponogeton*-Arten. Die meisten von ihnen machen auch im Aquarium eine Ruhephase durch, in der die oberen Pflanzenteile absterben. Nach der Wachstumspause treiben sie dann erneut aus der Knolle aus.

Es gibt auch eine ganze Reihe von zumeist farbenprächtigen und dekorativen Pflanzen, die immer wieder als Aquarienpflanzen verkauft werden, sich dafür jedoch nicht eignen. Viele von ihnen sind aber für Aquaterrarien oder Paludarien gut geeignet.

Aquarienpflanzen nur zur Dekoration?

Natürlich dienen Aquarienpflanzen auch zur Dekoration. Sie werden für die Nachbildung des Lebensraumes der Fische verwendet, bilden dabei gleichzeitig einen grünen Blickpunkt im Wohnbereich und stellen einen Farbkontrast zu den Fischen dar. Gleichzeitig gliedern sie aber auch den Lebensraum Aquarium so, daß Versteck- und Ablaichmöglichkeiten für die Fische entstehen. Sie dienen neben anderen Dekorationsmitteln, wie Steinen oder Wurzeln, revierbildenden Fischen als optische Reviermarkierungen und Revierabgrenzungen.

Trotzdem haben sich die Ansichten zu Wasserpflanzen in Aquarien öfter geändert. Zeitweise wurden sie wirklich nur zur Dekoration verwendet. Man glaubte damals,

Foto: G. Hop

ein Aquarium sei ein künstliches Gebilde, alle Lebensabläufe der freien Natur, wie beispielsweise das natürliche Gleichgewicht würden hier nicht funktionieren. Die Sauerstoffproduktion der Wasserpflanzen durch Assimilation am Tage wäre verhältnismäßig gering und würde durch den „schädlichen" Sauerstoffentzug und die „schädliche" Kohlendioxidproduktion infolge ihrer Atmung (Dissimilation) nachts aufgehoben. Es wurde dafür plädiert, durch starke Belüftung möglichst jegliches Kohlendioxid zu entziehen, denn die Fische brauchten schließlich Sauerstoff und Kohlendioxid sei sehr gefährlich. Letztendlich war man der Meinung, daß künstliche Pflanzen als Dekoration für die Fische günstiger wären. Die Folge davon war, daß die Produktion von technischen Aquariengeräten immer mehr forciert wurde, insbesondere, was Durchlüftungsgeräte und Filter betraf. So war man schließlich völlig von der Stromversorgung abhängig. Schon ein halbstündiger Stromausfall konnte zu Totalverlusten führen.

Einmal aufgestellte Behauptungen halten sich meistens hartnäckig, und es dauert Jahrzehnte bis sich andere Theorien durchsetzten.

Auch ich war jahrzehntelang ein reiner Fischaquarianer und vermehrte große Mengen von Zierfischen. Zu dieser Zeit hatten bei mir alle Wasserpflanzen nur ein sehr kurzes Leben, sie waren früher oder später wieder verschwunden. Ich hatte vor allem sehr wirkungsvolle Belüftungsgeräte und konnte mir nicht vorstellen, daß ein Aquarium ohne Belüftung längere Zeit existieren könnte.

Als ich dann beruflich Wasserpflanzen vermehrte, waren meine Aquarien dichtbesetzt mit Wasserpflanzen. Durchlüftung und Filterung fehlten völlig, es gab nur ausreichend Licht und einen täglichen Teilwasserwechsel. Als Fischbesatz waren in allen Becken einige Lebendgebärende Zahnkarpfen, wie Guppys, Platys und auch Stahlblaue Kärpflinge *(Limia melanogaster)*. Letztere Art machte sich bei der Algenvertilgung außerordentlich verdient. Natürlich blieb es bei der dichten Bepflanzung nicht aus, daß sich die Lebendgebärenden reichlich vermehrten. So hatte ich in den Aquarien oft große Mengen von Fischen, für die ich in einem unbepflanzten Becken einen enormen technischen Aufwand benötigt hätte. In den Pflanzenaquarien gediehen sie aber ohne jegliche Filterung und Belüftung prächtig.

Dies bewies mir mehr als theoretische Erklärungen, daß sich in gut bepflanzten Aquarien sehr wohl ein reales Gleichgewicht von Fischen und Pflanzen einstellen kann. Wasserpflanzen sind in einem Aquarium mehr als nur Dekoration, sie sind biologisch wichtig!

– Aquarienpflanzen dienen den Fischen als Laichsubstrat und Versteck;
– sie liefern durch ihre Assimilation den notwendigen Sauerstoff;
– sie bauen organische Stoffe im Wasser ab und entziehen ihm auch Gifte;
– sie vernichten Krankheitskeime und produzieren sogar Antibiotika.

Im allgemeinen gedeihen Fische in gut bepflanzten Aquarien viel besser als in pflanzenlosen Becken.

Was brauchen Aquarienpflanzen zum Gedeihen?

Wie alle Pflanzen so benötigen auch Aquarienpflanzen zum Gedeihen vielseitige und möglichst optimale Bedingungen, die aufeinander abgestimmt sein müssen und so miteinander gekoppelt sind, daß sie ein Biosystem bilden, bei dem eine Bedingung in die andere greift. Wenn eine Bedingung verändert wird, so zieht das eine Kette von Reaktionen nach sich. Aquarienpflanzen reagieren, wenn auch langsamer, so doch wesentlich empfindlicher als Fische auf Mängel. Nur die Erfüllung aller Bedingungen führt zum wirklichen Erfolg:

Licht, Temperatur und Nährstoffe müssen zueinander im richtigen Verhältnis stehen. Außerdem benötigen Aquarienpflanzen Wasser mit geeignetem pH-Wert und in geeigneter Härte (KH).

Bodengrund

Von Landpflanzen kennen wir die äußerst wichtige Bedeutung des Bodengrundes. Bei

Landpflanzen muß er wasser- und luftdurchlässig sein, alle notwendigen Nährstoffe enthalten und der Pflanze den erforderlichen Halt geben. Auch die Temperatur des Bodengrundes ist Voraussetzung. Ähnlich soll auch der Bodengrund für Wasserpflanzen beschaffen sein, trotzdem müssen wir in mancher Beziehung umdenken, insbesondere, was den Nährstoffgehalt betrifft. Zu hoher Nährstoffanteil schadet mehr und führt zu unliebsamen Nebenerscheinungen, wie z.B. übermäßiger Algenbildung.Humus-Erdsubstrate scheiden für Aquarien völlig aus, dagegen gibt es von verschiedenen Herstellern systembedingte Bodengrundzusätze, die das Pflanzenwachstum fördern.

Auch für den Bodengrund haben sich die Empfehlungen im Laufe der Jahre oft geändert, angefangen vom Untermischen von Komposterde bis zum völlig reingewaschenen Quarzkies. Letzteres wurde vor allem propagiert, als man glaubte, daß die Wurzeln der Wasserpflanzen nur für ihren Halt verantwortlich seien, und die Pflanzen ihre Nährstoffe hauptsächlich aus dem Wasser über die Blätter aufnehmen würden. Das war ein Trugschluß, da sich nur sehr wenige Stengelpflanzen bzw. wurzellose Pflanzen ausschließlich über die Blätter ernähren können. Über die Blätter aufgenommene Nährstoffe werden nur sehr langsam und lokal transportiert.

Über die Wurzeln aufgenommene Nährstoffe gelangen dagegen sehr schnell in der Pflanze nach oben und kommen dadurch allen Pflanzenteilen zugute. Durch Wurzelausscheidungen (Zitronensäure) erschließt die Pflanze die Nährstoffe aus dem Boden und macht sie dadurch aufnahmefähig.

Wie weit die heutigen Theorien haltbar sind, wissen wir nicht, denn die Zusammenhänge sind sehr komplex und bei weitem nicht völlig geklärt. Immerhin hat man mit diesen Erkenntnissen die besten und einigermaßen rekonstruierbaren Resultate erzielt. Man kann also durchaus den meisten Empfehlungen der heutigen Aquarienliteratur und der Bodengrundhersteller folgen.

Handelsübliche Bodengrundplatten, die als unterste Bodengrundschicht im Aquarium gedacht sind.

Außerdem ist es nicht verkehrt, als Bodengrund ungewaschenen (lehmigen) Kies in gemischter Körnung von etwa 1-5 mm als Untergrund zu verwenden und darauf eine etwa 3 cm dicke Schicht desselben, aber gewaschenen Kieses zu bringen. Die gesamte Bodengrundhöhe sollte 8 bis 10 cm betragen. Diese Höhe ist auch deshalb erforderlich, weil die Struktur des Bodengrundes zahlreichen Mikroorganismen als Lebensraum dient, die die Nährstoffe für die Pflanzen so aufschlüsseln, daß sie von ihnen aufgenommen werden können.

Als untere Bodengrundschicht werden neuerdings auch sogenannte Bodengrundplatten angeboten. Diese haben die Form von Wand- oder Fußbodenfliesen, und der gesamte Bodengrund des Aquariums kann damit auslegt werden. Sie bestehen aus einer

13

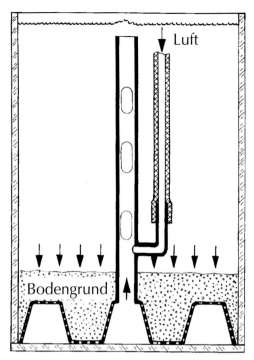

Großflächige Bodengrundfilter haben sich für die Bodengrunddurchflutung in Pflanzenaquarien nicht bewährt.

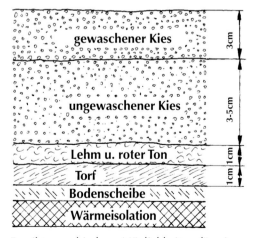

Es gibt verschiedene Möglichkeiten für einen geeigneten Bodengrundaufbau. Die Skizze zeigt einen bewährten Bodengrundaufbau.

etwa 1 cm dicken Styroporplatte als Träger-schicht, auf die bei der Herstellung eine feuchte Bodengrundschicht aufgebracht, durch Pressen verdichtet und anschließend getrocknet wurde.

Wichtiger als alle Nährstoffe im Boden-grund ist aber eine gute Wasserdurch-lässigkeit, denn nur durch eine schwache Wasserströmung im Bodengrund können die Wasserpflanzen mit ihren Wurzeln die Nährstoffe für ihren Bedarf aufschließen. Eine solche Wasserströmung versuchte man zuerst durch Wasserdurchflutung des Bo-dengrundes von oben nach unten mit flä-chigen Bodengrundfiltern zu erzeugen, was aber zur Folge hatte, daß der Bodengrund schnell verdreckte und dadurch undurch-lässig wurde. Man versuchte es dann mit einer umgekehrten Durchflutung von unten nach oben, aber auch das brachte nicht den erhofften Erfolg. Die Strömungsgeschwin-digkeit war zu hoch und schwemmte so den feinen Säurefilm, der sich um die Wurzeln ausbildet und mit dessen Hilfe die Pflan-zen die Nährstoffe aufspalten können, weg.

Gute Resultate erreichte man schließlich durch schwache Bodenheizung: Die aufstei-gende Wärme erzeugt eine minimale Was-serdurchflutung, die den Wasserpflanzen sehr zusagt. Außerdem sind die sogenann-ten „warmen Füße" für die Pflanzen sehr wichtig.

An dieser Stelle möchte ich auf den er-probten Bodengrundaufbau eingehen, den viele Wasserpflanzen-Liebhaber in der DDR verwendeten, als es dafür kaum industriell gefertigte Produkte gab:

Als erstes kommt auf den Glasboden des Aquariums eine etwa 1 cm starke Schicht Hochmoortorf (Flachmoortorf ist nicht ge-eignet.) Darauf bringt man dann etwa 1 cm Lehm, dem möglichst 1/3 roter Ton beige-mischt wird. Dann wird eine 3 bis 5 cm dik-ke Schicht ungewaschener Kies mit einer gemischten Körnung von 1 bis 5 mm ein-gebracht. Den oberen Abschluß bildet eine etwa 3 cm dicke Schicht gewaschener Kies, so daß der gesamte Bodenaufbau zum Schluß mindestens 8 bis 10 cm dick ist.

Mit diesem Bodengrund habe ich seit Jahren, bei sehr dichtem Pflanzenbestand, wie bei der Aquarienpflanzen-Anzucht üblich, die besten Erfolge erzielt. Er bietet den Pflanzen für mehr als ein Jahr genügend Nährstoffe und muß dann erneuert werden. In Schauaquarien ist er mehrere Jahre brauchbar. Allerdings eignet er sich, ebenso wie die käuflichen Bodenzusätze, nicht für wühlende Fische.

Ich weiß, daß die Zugabe von Hochmoortorf den Empfehlungen anderer Autoren widerspricht, hatte aber damit beste Erfolge.

Bei eventuellem Nährstoffmangel des Bodengrundes verwenden viele Aquarianer zur Nachdüngung Kugeln von 1–1,5 cm Durchmesser aus getrocknetem Lehm, die sie nachträglich in der Nähe der Pflanzen in den Bodengrund eindrücken. Diesen Kugeln können bei der Herstellung auch gelöste Wasserpflanzendünger zugesetzt werden. Dieselbe Funktion erfüllen käufliche Düngekegel. Außerdem kann man breiförmige Nährstoffe mit einer Art Injektionsspritze nachträglich in den Bodengrund bringen.

Allgemeines über Bodengrund:

- Er soll kalkarm in gemischter Körnung von 1–5 mm sein.
- Seine Gesamtdicke muß mindestens 8–10 cm betragen.
- Bestandteile aus Ton bzw. Lehm sind wichtig, denn sie binden die Nährstoffe und wirken dabei als Ionenaustauscher.
- Sein pH-Wert und seine Temperatur müssen möglichst konstant sein.
- Er sollte permanent schwach durchflutet werden.

Bodengrundfehler:

- Zu kleine oder zu große Körnung, dadurch Verschlammung und schlechte Durchflutung.
- Ungeeignete Zusätze.
- Zu hoher Nährstoffanteil.
- Zu niedrige Temperatur.

Wasser und Wasserwerte

Am besten ist es, wenn man mit unverändertem Leitungswasser auskommt, da es zum „A" und „O" eines gut funktionierenden Pflanzenaquariums gehört, daß häufig ein großvolumiger Teilwasserwechsel durchgeführt wird. Manche Hersteller von Wasserpflanzennährstoffen wollen suggerieren, daß dieser beim Gebrauch ihrer Produkte weitgehend unterbleiben kann. Das ist bis heute trotz noch so raffinierter Filter, Düngemittel u.ä. nicht möglich. Ohne ausreichenden Wasserwechsel wird der Pflanzenwuchs nicht optimal sein, und ein wirklicher Fachmann erkennt sofort den Grund.

Ich empfehle, an jedem Pflanzenaquarium, das ja meistens größere Ausmaße hat, von vornherein einen Wasserzufluß und einen Wasserabfluß zu installieren. Alle anderen Maßnahmen, wie Schlauchlegen oder ähnliches, werden auf die Dauer lästig, und der Wasserwechsel unterbleibt in der Folge dann immer häufiger. Letztendlich ist man dann mit dem Pflanzenwuchs nicht zufrieden und schiebt das auf alle möglichen anderen Umstände.

Als erste Maßnahme messe man sein Leitungswasser und zwar den pH-Wert, die Gesamthärte und die Karbonathärte.

pH-Wert

Der pH-Wert des Wassers gibt an, ob es sauer, neutral oder alkalisch (basisch) ist. Man mißt ihn nach einer Skala, die von 0 (sehr sauer) bis 14 (sehr basisch) reicht. Der Wert 7 ist der Neutralbereich.

Mit dem pH-Wert bezeichnet man die Ionenkonzentration, die für den entsprechenden Zustand des Wassers verantwortlich ist. Wichtig ist es zu wissen, daß der Schritt von einer Stufe zur nächsten (z.B. von pH6 zu pH7) jeweils dem 10fachen Wert der Ionenkonzentration, also einer erheblichen Änderung entspricht. Eine Änderung um zwei Stufen ist eine Ionenkonzentrations-Änderung um 10 x 10 = 100, bei drei Stufen um 1000 usw.

pH-Wert 3,5–4,5
Unbrauchbar, da extrem lebensfeindlich für Fische;
pH-Wert 4,5–5,5
Für die meisten Fische lebensfeindlich, wird von Aquarienpflanzen vorübergehend ertragen;
pH-Wert 6,5–7,5
Optimaler Bereich für die meisten Aquarienfische und -pflanzen;
pH-Wert 7,5–8,5
Optimaler Bereich für einige Fische aus dem Malawisee, für die meisten Aquarienpflanzen nicht günstig;
pH-Wert 8,5–14
Ungünstiger bis lebensfeindlicher und tödlicher Bereich.

Der pH-Wert wird vom Wasserwerk wegen der Haltbarkeit des Leitungsnetzes auf etwa 7 (neutral) gehalten. Solches Wasser ist gut geeignet. Neuerdings hat aber unser Leitungswasser wegen der sonst auftretenden Giftigkeit von Kupferrohren oft einen pH-Wert von 8 bis 8,5. Das ist für Wasserpflanzen ungünstig, denn bis auf ganz wenige Ausnahmen gedeihen sie am besten bei pH-Werten von 6,5 bis 7,5. Solche Werte pendeln sich meistens nach einiger Zeit schon durch den im Bodengrund eingebrachten Hochmoortorf und/oder durch CO_2-Zugabe ein.

In gut eingefahrenen und dicht bepflanzten Aquarien verändert sich der pH-Wert tagsüber durch die Assimilation: Er ist frühmorgens am niedrigsten, steigt nach Einschalten des Lichtes an und erreicht gegen Abend seinen höchsten Wert.

Die wasserchemischen Zusammenhänge sind sehr umfangreich und können an dieser Stelle nicht umfassend erklärt werden. Man sollte aber wissen, daß sich im Wasser befindliches Ammonium, das als Pflanzendünger fungiert, bei Ansteigen des pH-Wertes über 7,5 teilweise in das für Pflanzen und Fische sehr giftige Ammoniak umwandelt.

Wasser-Gesamthärte

Die Gesamthärte des Leitungswassers ist je nach Einzugsgebiet sehr unterschiedlich, sie entsteht durch das Herauslösen von Härtebildnern aus den Erd- und Gesteinsschichten.

Als Gesamthärte dGH bezeichnet man die Summe aller im Wasser gelösten Calcium- und Magnesium-Ionen. Dabei handelt es sich um Calcium- und/oder Magnesiumkarbonat, um Calcium- und/oder Magnesiumsulfat und um Calcium- und/oder Magnesiumchlorid.

Man unterscheidet sehr weiches bis außerordentlich hartes Wasser.

Sehr weich	dGH =	0 - 4°
weich	dGH =	4 - 8°
mittelhart	dGH =	8 - 12°
hart	dGH =	12 - 18°
sehr hart	dGH =	18 - 30°
außerordentlich hart	dGH =	30° und mehr

Die Gesamtwasserhärte spielt für Wasserpflanzen eine wesentlich untergeordnetere Rolle, als oft angenommen wird. Sehr weiches Wasser ist nach meiner Meinung ungünstiger als außerordentlich hartes. Ich habe ein Jahrzehnt Wasserpflanzen in sehr hartem Wasser (dGH 35 bis 40°, dKH 4 bis 6°), professionell gezogen, das wegen seines natürlichen hohen Nähstoffgehalts besser ist. Man kommt in diesem Wasser ohne Zusatzdüngung aus, Wasserwechsel genügt.

Bei weichem Wasser, besonders aber bei zu niedriger Karbonathärte (unter 4°dKH), muß man dagegen sehr häufig den pH-Wert überprüfen, weil dieser sehr schnell wegen der fehlenden Pufferung in den sauren Bereich umschlagen kann, was besonders für die Fische lebensgefährlich wird. Bei einem solchen Absturz des pH-Wertes in den sauren Bereich muß schnellstens ein Wasserwechsel durchgeführt werden.

Ein weiterer Nachteil von weichem Wasser ist, daß die darin gelösten Nährstoffe für die Pflanzenernährung meistens nicht lange ausreichen, so daß man nachdüngen oder noch häufiger Wasser wechseln muß.

Wesentlich wichtiger als die Gesamtwasserhärte ist für das Wohlbefinden der Pfleglinge im Aquarium die Karbonathärte!

Karbonathärte

Die Karbonathärte (dKH), auch als Säurebindungsvermögen bezeichnet, liegt in unserem Wasser meistens niedriger als die Gesamthärte (In tropischen Gewässern kann das anders sein!). Sie berücksichtigt nur den Teil der Calcium- und Magnesium-Ionen, die als Karbonate vorliegen, außerdem noch andere Karbonate, wie z.B. Natrium- und Kaliumkarbonat. Die Karbonathärte sollte, wenn möglich, nicht zu hoch sein, aber mindestens etwa dKH=4° betragen, denn sie ist dafür verantwortlich, wieviel freie Kohlensäure im Wasser gebunden werden kann. Sie ist die Pufferung des Wassers und verhindert, daß der pH-Wert in den sauren Bereich umkippt.

Karbonathärte, CO_2-Gehalt und pH-Wert sind direkt voneinander abhängig.
Sind Karbonathärte und CO_2 im Gleichgewicht, so ist der pH-Wert neutral, d.h. 7. Bei CO_2-Mangel wird der pH-Wert alkalisch, d.h. größer als 7, bei CO_2-Überschuß geht der pH-Wert in den sauren Bereich, d.h. unter 7.

Licht

Ohne ausreichend Licht kann keine Zimmer-, aber auch keine Aquarienpflanze gedeihen, das vergessen viele Aquarianer und sparen dabei an der falschen Stelle. Erst Licht setzt den Stoffwechsel der Pflanze in Gang. Durch Licht werden über die Assimilation (Photosynthese) anorganische Substanzen (Kohlendioxid, Stickstoff, Phosphor, Kalium und Spurenelemente) in organische Körpersubstanzen umgesetzt, d.h., die Pflanze wächst.

Wachsen Pflanzen nicht ausreichend, so sollte man zunächst die Ursache in ungenügender Beleuchtung und erst an zweiter Stelle in anderen Faktoren, wie beispielsweise in zu hohem pH-Wert oder in nicht ausreichender Düngung suchen.

Wieviel Licht?

Über die Menge des notwendigen Lichts gibt es in der Aquaristik die meisten Diskussionen. Man gibt sie beispielsweise in Watt pro Liter an.

Die meisten Aquarienpflanzen brauchen viel Licht, nur relativ wenige lieben gedämpftes Licht, bzw. Schatten.

Den Lichtbedarf von Aquarienpflanzen kann man grob nach ihrer Blattfärbung einschätzen: Hellgrüne Pflanzen brauchen mehr Licht als dunkelgrüne, besonders viel Licht benötigen rote Pflanzen. Letztere sind ein Indikator für die Beleuchtung: Reicht die Beleuchtung nicht aus, so werden sie zunächst grün und gehen dann ein. Die Rotfärbung der Aquarienpflanzen entspricht dem Braunwerden unserer Haut. Beides sind Schutzfarben, die durch intensive Lichteinwirkung entstehen.

Wer es exakter wissen möchte, muß Lichtmessungen durchführen. Hierzu verwendet man ein Luxmeter. Ersatzweise kann auch ein Fotobelichtungsmesser oder eine Kamera mit Innenmessung Anwendung finden.

Dazu wird der Belichtungsmesser bzw. die Kamera auf 100 ASA eingestellt und die Belichtungszeit bei Blende 4 abgelesen. Durch Multiplizieren des unter dem Bruchstrich befindlichen Wertes mit 10 erhält man in etwa den Luxwert.

bei	1/8sec=	8x10 =	80 lx,
bei	1/15sec=	15x10 =	150 lx,
bei	1/30sec=	30x10 =	300 lx,
bei	1/60sec=	60x10 =	600 lx,
bei	1/125sec=	125x10 =	1250 lx,
bei	1/250sec=	250x10 =	2500 lx

Die durchgeführten Messungen in den Abbildungen auf Seite 19 zeigen, wie extrem die Meßwerte sind, und mit welchen Differenzen die Pflanzen zurechtkommen müssen, aber oft nicht können.

Sie zeigen auch, wie stark das Licht bei größer werdendem Lampenabstand abnimmt.

Leider sind bisher die Optimal- und die Grenzwerte in der Beleuchtung für die einzelnen Aquarienpflanzen nicht bekannt. Diese festzulegen, wird auch nicht so einfach sein, weil das Pflanzenwachstum von vielen Faktoren abhängt. Man kann aber durch Messungen zumindest Vergleichswerte erzielen und dadurch Erfahrungen sammeln.

Erfahrungswerte sind:

100 - 200 lx
reichen gerade noch aus für einige *Cryptocorynen*- und *Anubias*-Arten;

1000 - 2000 lx
sind ausreichend für die meisten Aquarienpflanzen;

8000 lx
und mehr brauchen rote Pflanzen.

Beleuchtungsdauer

Bei der Beleuchtung eines Aquariums ist nicht nur die Beleuchtungsintensität maßgebend, sondern auch die Beleuchtungsdauer. Man sollte die Aquarienbeleuchtung möglichst über eine Schaltuhr steuern und sie täglich 12 bis max. 14 Stunden eingeschaltet lassen.

Mit der Beleuchtung wird viel experimentiert. So schalten manche Holländer die einzelnen Leuchtstofflampen stufenweise an und ab, indem sie zunächst alle halbe Stunde eine Lampe zuschalten und später dann nach und nach wieder alle halbe Stunde eine Lampe automatisch über Zeitschaltuhren abschalten. So etwas ist aber nur möglich, wenn sehr viele Leuchstofflampen verwendet werden. Bei nur zwei Leuchtstofflampen, wie bei vielen käuflichen Aquarien üblich, sind solche Experimente von vornherein unsinnig.

Lichtfarbe

Auch die Farbzusammensetzung des Lichts spielt eine nicht zu unterschätzende Rolle. Günstig sind Leuchten, die möglichst das gesamte Spektrum des Sonnenlichts enthalten und dieses Spektrum auch noch unter Wasser besitzen, denn ein Teil davon wird im Wasser ausgefiltert. Wichtig ist es zu wissen, daß Licht mit einer überwiegenden Farbe das Aussehen der Pflanzen verändert: Bei einem hohen Rotanteil wird das Längenwachstum der Pflanzen angeregt, ihre Internodien (Blattabstände) werden länger. Bei hohem Blauanteil sehen die Pflanzen dagegen wie gestaucht aus, die Internodien sind ganz kurz, sie wachsen dann nur schlecht. Außerdem fördert ein hoher Blauanteil das unliebsame Algenwachstum.

Wer besondere Licht- bzw. Beleuchtungseffekte erzielen will, kann eine Leuchte installieren, die er nur während einer relativ kurzen Zeit mit einschaltet, zum Beispiel abends, wenn das Aquarium betrachtet wird.

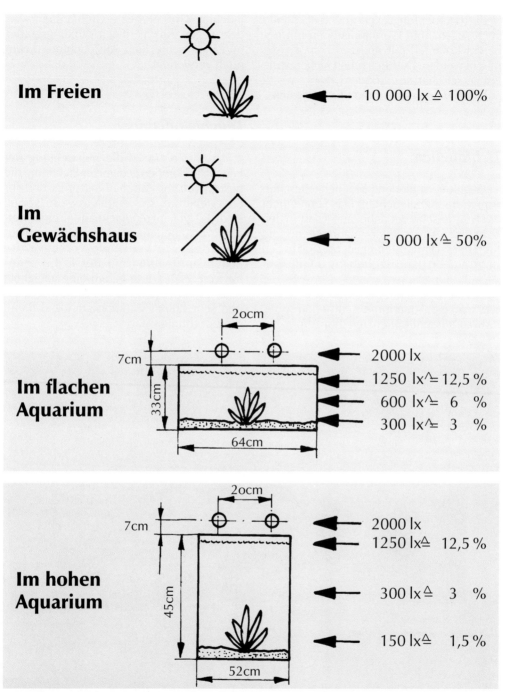

Im Freien — 10 000 lx ≙ 100%

Im Gewächshaus — 5 000 lx ≙ 50%

Im flachen Aquarium
20cm
7cm
33cm
64cm
2000 lx
1250 lx ≙ 12,5 %
600 lx ≙ 6 %
300 lx ≙ 3 %

Im hohen Aquarium
20cm
7cm
45cm
52cm
2000 lx
1250 lx ≙ 12,5 %
300 lx ≙ 3 %
150 lx ≙ 1,5 %

Aus den von mir am gleichen Tag und zur gleichen Zeit (an einem Vormittag im März) bei uns in Deutschland durchgeführten Lichtmessungen ist ersichtlich, daß die Beleuchtungsunterschiede zwischen Pflanzen im Freien bzw. im Gewächshaus und in den unteren Zonen eines höheren Aquariums so enorm sein können, daß die Wasserpflanzen eine solche Umstellung nicht verkraften können.

Bei Beleuchtungsexperimenten können auch sogenannte Warmtonlampen mit höherem Rotanteil mit anderen Lampen gemischt werden. Dadurch sehen nicht nur die Fische schöner aus, sondern man erreicht auch einen etwas besseren Pflanzenwuchs.

Lichtquellen

Es gibt verschiedene Möglichkeiten, ein Aquarium zu beleuchten: Das Sonnenlicht am Fenster scheidet dabei aus, es ist in den lichtarmen Jahreszeiten unzureichend und führt nur zu Enttäuschungen, die sich in den lichtreichen Jahreszeiten in unmäßiger Algenbildung äußern können.

Der heutige Stand der Aquaristik besagt, daß man ein Aquarium so aufstellen sollte, daß es ausschließlich mit Kunstlicht be-

leuchtet wird. Normale Glühlampen werden wegen ihres geringen Wirkungsgrades und ihrer schlechten Ausleuchtung kaum noch verwendet.

Leuchtstofflampen

Nach wie vor ist die Beleuchtung mit Leuchtstofflampen geeigneter Lichtfarbe die beste, weil ihr Anschaffungspreis und ihr Energieverbrauch vergleichsweise gering sind. Es gibt im Zoofachhandel eine Vielzahl verschiedene Leuchtstofflampen für Aquarien, ich verwende vorzugsweise Leuchtstofflampen mit der Farbe „neutralweiß 20". Diese haben eine geeignete Farbzusammensetzung und außerdem einen sehr hohen Wirkungsgrad und damit hohe Lichtintensität.

Foto: G. Hop

20

Leuchtstofflampen erzeugen eine sehr gute Ausleuchtung. Man sollte bei ihrer Installation darauf achten, daß der Abstand zur Wasseroberfläche möglichst gering ist, denn Licht nimmt mit dem Quadrat der Entfernung ab, doppelter Abstand einer Lichtquelle vom zu beleuchtenden Objekt bringt nur noch ein Viertel der Beleuchtungsintensität! Dabei spielt besonders die Höhe des Aquariums eine Rolle: Für die Beleuchtung mit Leuchtstofflampen hat sich eine Aquarienhöhe von 40 Zentimetern als optimal bewährt. Die Grenze dürfte bei 45–50 Zentimetern Aquarienhöhe liegen.

Von großer Wichtigkeit für eine gute Ausleuchtung ist auch die richtige Länge der verwendeten Leuchtstofflampen, sie soll möglichst genau der Aquarienlänge entsprechen. Ein Platz von insgesamt etwa 10 Zentimetern für die Montage der Fassungen muß allerdings berücksichtigt werden. So sind folgende Leuchtstofflampenlängen für entsprechende Aquarienlängen geeignet:

60 cm Leuchtstoffröhrenlänge
für 70 cm Aquarienlänge

90 cm Leuchtstoffröhrenlänge
für 100 cm Aquarienlänge

120 cm Leuchtstoffröhrenlänge
für 130 cm Aquarienlänge

150 cm Leuchtstoffröhrenlänge
für 160 cm Aquarienlänge

Die Leuchtstoffröhren sollten immer der Länge des Aquariums entsprechen. Versetzt angeordnete Leuchtstofflampen sind ungünstig, dadurch entstehen im Aquarium ungenügend beleuchtete Stellen, an denen die Wasserpflanzen schlecht wachsen. Es sind dann „Löcher" in der Bepflanzung vorhanden.

Wieviele Leuchtstoffröhren sind notwendig?

Die Anzahl der notwendigen Leuchtstoffröhren für ein gut bepflanztes Aquarium wird meistens unterschätzt, das trifft auch für viele im Handel angebotene Bekken zu.

Natürlich ist die Lichtausbeute von mehreren Faktoren abhängig, wie den Reflektoren und dem Alter der Lampen, der Färbung und Trübung des Wassers, zu hoher Temperatur im Beleuchtungskasten, der Farbe und damit dem Reflexionsvermögen des Bodengrundes und der Rückwand, aber besonders von der Höhe des Aquariums und der Dichte der Bepflanzung. So kommt es zu sehr verschiedenen Ansichten, wieviele Leuchtstofflampen erforderlich sind.

Bei dicht bepflanzten Aquarien richtet man sich am zweckmäßigerweise nach den Empfehlungen der Holländer, die die am besten funktionierenden Pflanzenaquarien besitzen. Danach ist pro 10 cm Aquarientiefe (nicht Aquarienhöhe!) eine Leuchtstoffröhre notwendig, d.h., wenn die Aquariumtiefe 50 cm beträgt, 4 Leuchtstoffröhren (siehe Zeichnung).

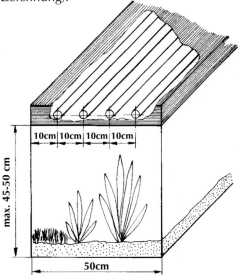

So sollten die Leuchtstofflampen für ein gut beleuchtetes Pflanzenaquarium angeordnet sein.

Es ist vorteilhaft, von vornherein alle Leuchtstofflampen getrennt abschaltbar zu installieren. So hat man später die Möglichkeit, mit der Beleuchtung zu experimentieren.

Leuchtstoffröhren haben bis auf wenige Speziallampen leider eine unangenehme Eigenschaft: Nach einem halben Jahr Brenndauer läßt ihre Beleuchtungsintensität um die Hälfte nach, sie sollten nach dieser Zeit durch neue ersetzt werden. Danach werden die Pflanzen wieder besser wachsen.

Sogenannte Power-Leuchtstofflampen haben eine bessere Energieausnutzung und geben dadurch mehr Licht. Sie sind besonders bei Becken von 50 cm Höhe zu empfehlen.

HQL- und HQI-Lampen

Für Aquarien, die höher als 50 cm sind, reichen Leuchtstoffröhren nicht mehr aus. Für solche Fälle sind HQL-Lampen (Quecksilberdampf-Hochdrucklampen) zu empfehlen.

Ihre Vorteile:
– hohe Leuchtkraft, da stark gebündeltes Licht,
– wesentlich länger ausnutzbare Lebensdauer gegenüber Leuchtstoffröhren. Die Lichtintensität läßt nach 2 Jahren nur um etwa   5 % nach.

Ihre Nachteile:
– wesentlich höherer Preis gegenüber Leuchtstofflampen,
– hohe elektrische Leistung und damit hohe Energiekosten,
– hohe Erwärmung, sie müssen deshalb in größerem Abstand über dem Aquarium aufgehängt werden,
– Minimalabstand 60 cm – Auch eine Deckscheibe muß aus diesem Grund oft entfallen,
– schlechte Ausleuchtung, da Punktlichtquellen, deshalb sind mehr Lampen erforderlich.

Anstelle von HQL-Lampen können auch HQI-Lampen (Halogenlampen) eingesetzt werden, nur ist deren Lebensdauer wesentlich geringer.

Sowohl für Leuchtstofflampen, als auch für andere Beleuchtungskörper sind gute Reflektoren sehr wichtig, sonst werden in den meisten Fällen nicht einmal 50% des Lichtes ausgenutzt!.
Bei Verwendung von Deckscheiben ist auf Sauberkeit zu achten. Verschmutzte Deckscheiben können ebenfalls bis 50% des Lichtes schlucken.

Kompaktlampen

Diese neuen, sparsamen Lampen drängen immer mehr auf den Markt.

In ihrem Funktionsprinzip entsprechen sie den Leuchtstofflampen, und ihre Erwärmung ist wie bei diesen minimal. Gegenüber normalen Glühlampen bringen sie etwa das fünffache an Licht.

Erste Versuche, diese Lampen für Aquarienbeleuchtung zu verwenden, waren recht erfolgversprechend. Bei ihrem Einsatz sollte man aber stets berücksichtigen, daß es sich um punktförmige Lichtquellen handelt. Deshalb müssen sie relativ eng gesetzt werden. Die gängigsten Lampen dieser Art haben einen Energieverbrauch von 9, 11, 16 und 20 W.

Die 20 W-Lampen entsprechen in ihrer Leuchtkraft einer 100 W-Glühlampe. Schwächere Lampen zu verwenden, heißt in den meisten Fällen an der falschen Stelle sparen!

Örtliche Installation spezieller Lichtquellen

Es ist sehr schwierig, in einem Aquarium den Lichtansprüchen aller Pflanzen gerecht zu werden. So brauchen rote Aquarienpflanzen extrem viel Licht und beispielsweise *Cacomba*-Arten Licht mit einem hohen Rotanteil.

Da solche Pflanzengruppen aber nur an einer bestimmten Stelle im Aquarium stehen, kann man ihnen die geeigneten Bedingungen schaffen, indem hier eine zusätzliche, spezielle Beleuchtung installiert wird. Für rote Pflanzen sind das eine oder mehrere Sparlampen (a 20W) oder Halogenstrahler, für *Cabomba*-Arten kann eine Glühlampe eingebaut werden.

Temperatur

Licht und Temperatur sind beim Pflanzenwachstum neben den anderen behandelten Voraussetzungen direkt voneinander abhängig. Je höher die Temperatur, desto intensiver muß das Licht sein und umgekehrt. Das bedeutet, daß eine hohe Beleuchtungsintensität nichts nützt, wenn die Temperatur zu niedrig ist. Andererseits erfordern hohe Temperaturen (28–30°C) wesentlich mehr Licht als die üblichen Temperaturen von 24–26°C.

Bei der Temperatur ist vor allem der notwendige Bereich für die Fische zu berücksichtigen, Pflanzen sind im allgemeinen flexibler. Bis auf wenige Ausnahmen werden die meisten Aquarienpflanzen in einem Temperaturbereich von 24–26°C gut gedeihen. Nähere Angaben zu den einzelnen Pflanzen werden im Pflanzenlexikon gemacht. Probleme beim Pflanzenwachstum gibt es immer in Diskusaquarien mit einer

Temperatur über 30°C. Sie entstehen, wie aus dem Diagramm ersichtlich, dadurch, daß der Pflanzensubstanzzuwachs durch Assimilation, die Bruttofotosynthese, gleich oder geringer ist als der Pflanzensubstanzabbau durch Dissimilation (Atmung).

Die bei ausreichendem CO_2-Angebot von der Beleuchtung und der Temperatur abhängige Kurve der Bruttofotosynthese im Aquarium ist eine andere als für emerse Pflanzen im Gewächshaus. Im Aquarium ist die Bruttofotosynthese bis etwa 25°C ansteigend und dann etwa konstant.

Im Gewächshaus ist die Bruttofotosynthese bis etwa 45°C ansteigend und dann schnell abfallend.

Die Dissimilation (Atmung) ist Tag und Nacht wirksam und nur von der Temperatur abhängig.

Im Aquarium ist bei der üblichen Temperatur von etwa 24 bis 25°C der Substanzabbau durch Dissimilation wesentlich geringer als der Substanzzuwachs durch Assimilation.

Bei etwa 35°C, im Kompensationspunkt K1, heben sich Substanzzuwachs durch Fotosynthese und Substanzabbau durch Atmung auf. Dadurch können die Pflanzen nicht existieren!

Im Gewächshaus tritt das gleiche Phänomen im Kompensationspunkt K2 erst bei über 45°C auf.

Nährstoffe und Wasserwechsel

Da die meisten Menschen bei der Wasserpflanzenhaltung von Landpflanzen ausgehen, wird der notwendige Nährstoffbedarf oft überschätzt.

Schon vor etwa dreißig Jahren sagte mir ein Holländer: „Die Deutschen geben eine Menge Geld für alle möglichen Wasserpflanzendünger aus, sparen aber am Licht und machen kaum Wasserwechsel" - Genau das „trifft den Nagel auf den Kopf". Ich konnte diesen Ausspruch in all den Jahren

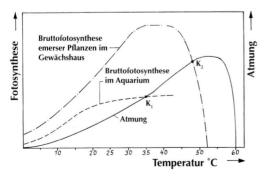

Fotosynthese — Bruttofotosynthese emerser Pflanzen im Gewächshaus — Bruttofotosynthese im Aquarium — Atmung — K₂ — K₁ — Atmung — Temperatur °C — 10 20 25 30 35 40 50 60

nur bestätigen, und da ich ihn kannte, half er mir, diese Fehler zu vermeiden.

Tatsächlich benötigt man in den meisten Fällen (extrem weiches Wasser vielleicht ausgenommen) mit dem empfohlenen Bodengrund außer eventuellen Eisengaben keine Düngemittel.

Sollte eine Düngung eingesetzt werden, so müssen Aquariendünger verwendet werden, die alle Nährstoffe für die Aquarienpflanzen einschließlich der Spurenelemente, jedoch keine Stickstoff- und keine Phosphorverbindungen enthalten. Diese beiden Nährstoffe sind durch die Fische, durch Fütterung und eventuellen Pflanzenzerfall im Aquarium immer im Überfluß vorhanden, in den Heimatgewässern aber nur in Spuren. Eine Überbelastung mit diesen beiden Nährstoffen vertragen Aquarienpflanzen nicht. Das ist der Hauptgrund, weshalb mindestens wöchentlich ein Teilwasserwechsel von einem Viertel bis zur Hälfte des Gesamtvolumens durchgeführt werden sollte. Wenn die gewechselte Wassermenge nicht größer als ein Drittel ist, kann in den meisten Fällen sogar kaltes Wasser zum erneuten Auffüllen verwendet werden. Die Aquarientemperatur wird dann zwar um einige Grade absinken, das schadet aber weder den Pflanzen noch den meisten Fischen.

Mit dem Wasserwechsel werden die für das Pflanzenwachstum schädlichen Stoffwechselabbauprodukte von Fischen und Pflanzen entfernt, und gleichzeitig im Frischwasser enthaltene Nährstoffe (auch CO_2) und Spurenelemente zugeführt.

Gute und extrem große Filter und die darin angesiedelten, nitrifizierenden Bakterien können das Wasser nicht so aufbereiten, daß sich ein Wasserwechsel erübrigt. Die Endstufe eines Filters sind immer die Nitrate. Diese sind zwar ein Pflanzendünger, werden aber leider auch im sehr dicht bepflanzten Aquarium von den Pflanzen nicht in genügender Menge abgebaut und führen nur zu übermäßiger Algenentwicklung, die das Pflanzenwachstum stark behindert.

Nitrate sind unter anderem ein starkes Wachstumsgift. – Die Fische wachsen un-

genügend, was allerdings in den meisten Fällen nicht auffällt. Die Pflanzen kümmern aber und gehen bei sehr hohen Nitratwerten sogar ein!

An Nährstoffen ist stets die ganze Palette erforderlich. Wenn einer der Nährstoffe fehlt oder nicht ausreichend zur Verfügung steht, ist das Pflanzenwachstum gestört (Minimumgesetz von Justus von Liebig). Andererseits ist eine Überdüngung genau so schädlich, wie ein Mangel! Bei Nachdüngung nach einem Teilwasserwechsel höchstens die Düngermenge zugeben, die der gewechselten Wassermenge entspricht! – Wasserdüngung ersetzt nicht die Bodengrunddüngung!

Die Rolle des Eisens im Aquarium

Eine der häufigsten, aber leicht zu erkennenden Mangelerscheinungen im Aquarium ist Eisenmangel. Eisen gehört zu den Spurenelementen und ist wichtig, damit die Pflanzen ein funktionsfähiges Blattgrün aufbauen können. Bei Eisenmangel kommt es zur sogenannten Eisenchlorose (Bleichsucht). Dabei sind neue Blätter, ausgehend von den Blattadern fahlgelb gefärbt und zer-

Ein in die Wand eingebautes Aquarium wirkt wie ein lebendes Bild.   Foto: G. Hop

fallen anschließend. Es ist klar, daß Pflanzen mit solchen Blättern nicht mehr assimilieren können. In den meisten Leitungswässern und Aquarien ist genügend Eisen vorhanden, leider handelt es sich dabei aber überwiegend um dreiwertige, wasserunlösliche Eisenverbindungen (Fe^{3+}), die die Pflanzen nicht aufnehmen können. Für die Ernährung der Pflanzen werden zweiwertige Eisenverbindungen (Fe^{2+}) benötigt, die sich im Wasser lösen. Zweiwertiges Eisen ist aber instabil und wandelt sich in relativ kurzer Zeit durch Sauerstoffaufnahme in dreiwertiges Eisen um. Bakterien im Bodengrund und in biologischen Filtern reduzieren teilweise dreiwertiges Eisen wieder in zweiwertiges.

Die Eisenwerte lassen sich mit handelsüblichen Reagenzien messen: Als günstigsten Eisengehalt gibt man 0,1 mg/l an. Zu hohe Eisengaben (Grenzwert=0,9–2 mg/l) können den Fischen schaden.

Der Eisenmangel wird durch den Chemismus des Wassers beeinflußt, so zum Beispiel durch Calcium und Phosphor. Andererseits können durch Eisen auch andere Spurenelemente, wie Mangan verdrängt werden.

Durch sogenannte Chelate ist es möglich, Eisen längere Zeit in zweiwertiger Form zu halten. Ein solcher Chelator ist z.B. EDTA (Äthylendiamintetraessigsäure). Heute enthalten die meisten Pflanzendüngemittel Chelatoren. Aber auch Huminsäure wirkt als Chelator, deshalb hat man mit dem von mir empfohlenen Bodengrundaufbau mit Torfschicht wahrscheinlich lange Zeit keine großen Probleme mit Eisenmangel.

Wird Eisenmangel im Aquarium festgestellt, so setzt man nach teilweisem Wasserwechsel am besten ein käufliches Eisenpräparat zu. Wegen der schon beschriebenen Verdrängungsmöglichkeit anderer Spurenelemente durch Eisen ist es jedoch besser, einen mit Chelatoren versehenen Spurenelemente-Dünger zu verwenden.

Aquarienpflanzen im Wandel der Zeit

In den Anfängen der deutschen Aquaristik versuchte man lange Zeit, die Aquarien mit einheimischen Wasserpflanzen zu bestücken. Das gelang bei den schlechten Beleuchtungsverhältnissen (die Aquarien standen im Fenster) während des Sommers auch schlecht und recht, im Herbst kam es dann aber regelmäßig zum extremen Zusammenbruch: Die Pflanzen gingen infolge Lichtmangels ein, verfaulten und entzogen dem Wasser so viel Sauerstoff, daß ein großes Fischsterben einsetzte. Man nannte dies das Herbststerben.

Mit den später eingeführten subtropischen und tropischen Wasserpflanzen hatte man dann etwas bessere Erfolge. Es konnte sich aber trotzdem nur ein geringer Teil einbürgern. Nämlich die flexibelsten, die sich an die schlechten Licht- und Altwasserverhältnisse anpassen konnten. Das blieb über ein halbes Jahrhundert so.

Eine wesentliche Verbesserung der Beleuchtung begann in den 1950iger Jahren, als sich die Leuchtstoffröhren langsam in der Aquaristik durchsetzten. Nach und nach kamen dann viele neue Aquarienpflanzen hinzu, die meistens beim Zierfischfang mitgesammelt wurden. Bald ließ man dann beispielsweise in Südamerika und im tropischen Asien von niedrig bezahlten Sammlern Wasserpflanzensortimente zusammentragen, die man exportierte. Erst als der Bedarf

Foto. J. Vente

Woher kommen die Aquarienpflanzen?

Den riesigen Bedarf an Wasserpflanzen decken heute vorrangig große Wasserpflanzengärtnereien, vor allem in tropischen Gebieten. Hier ist Licht- und Heizungsenergie im Freien kostenlos.

Wegen der hohen Energiekosten haben deutsche Wasserpflanzengärtnereien seit Jahren Zweigniederlassungen oder Lieferanten in den Tropen, sie ziehen nur noch wenige Arten selbst und sind in der Hauptsache damit beschäftigt, importierte Pflanzen verkaufsfertig zu machen, zu bündeln oder einzutopfen. Die importierten Pflanzen kommen in großen Mengen ohne Wasser und ohne Bodengrund, nur in feuchtes Zeitungspapier eingewickelt und in Plastikbeuteln und Styroporkartons verpackt, per Luftfracht an ihren Bestimmungsort.

immer größer wurde und die natürlichen Wasserpflanzenbestände extrem abnahmen, wurde in größerem Stil dazu übergegangen, Aquarienpflanzen in Spezialgärtnereien heranzuziehen.

Wasserpflanzengärtnerei in Malaysia.

Wie werden sie herangezogen und vermehrt?

Während die Vermehrung der Aquarienpflanzen von ihrer Biologie vorgegeben ist und bei den einzelnen Arten im Pflanzenlexikon beschrieben wird, gibt es verschiedene Möglichkeiten, um sie heranzuziehen. Man unterscheidet prinzipiell die submerse (Unterwasser-) Kultur und die emerse (Sumpf-) Kultur sowie die Hydrokultur.

Unterwasserkultur

Hierbei handelt es sich um die im Aquarium praktizierte Pflegeform. Von großen Wasserpflanzengärtnereien wird sie mit Ausnahmen nur für die Aufzucht von ech-

Wasserpflanzengärtnerei unter freiem Himmel in dem Thermalbach Meleg Viz bei Nagytarcany (Ungarn).

ten Wasserpflanzen angewendet. Ausnahmen bilden zum Beispiel Wasserpflanzengärtnereien, die ihre Pflanzen in Thermalgewässern, meist unter freiem Himmel, wie in Ungarn, heranziehen. Ohne solche naturgegebenen Voraussetzungen ist die submerse Aufzucht wegen der Licht- und Heizungskosten sehr energieaufwendig und nur in Ländern praktizierbar, wo Energie sehr billig ist. Das Wachstum dauert im Vergleich zur emersen Kultur wesentlich länger. Es läßt sich nur forcieren, indem man relativ hohe Kohlendioxidgaben verabreicht. Allerdings muß man hier eine sinnvolle Grenze finden, denn durch zu hohe Gaben wird infolge schnellen Wachstums ein sehr lockeres Pflanzengewebe gebildet. Das wirkt sich ungünstig auf die Transportfähigkeit und die Weiterkultur der Pflanzen aus. Gewöhnlich brechen solche Pflanzen schon beim Händler hoffnungslos zusammen und erreichen gar nicht den Liebhaber.

Ähnliches trifft für Unterwasserkulturen unter freiem Himmel in tropischen Ländern, wie zum Beispiel in Südostasien, zu. Trotz teilweiser Schattierung und wegen sehr intensiver Düngung (z.B. mit Schweinegülle) sind solche Pflanzen sehr verwöhnt, und gedeihen dann in den wesentlich schlechteren Verhältnissen der Aquarien nicht und gehen ein.

Der weitverbreitete und sich hartnäckig haltende Glaube, daß unter Wasser gezogene Aquarienpflanzen sich besser im Aquarium eingewöhnen würden, trifft in den meisten Fällen nicht zu. Sie sind sehr empfindlich beim Transport und brauchen meistens im Vergleich zu emersen Pflanzen sehr lange, um unter neuen Bedingungen Wurzeln zu bilden und zu wachsen.

Sumpfkultur

Bei der Sumpfkultur macht man sich die Anpassungsfähigkeit der meisten im Aquarium verwendeten Pflanzen zunutze, während des Trockenfallens von Gewässern nicht nur zu überleben, sondern ihre optimale

Lebensweise zu entfalten. Diese Pflanzen wachsen dann besonders kräftig, sie blühen, bilden Samen aus und vermehren sich meistens auch vegetativ durch Ausläufer oder ähnliches besonders üppig. Wesentlich trägt dazu der erhöhte Stoffwechsel infolge hoher Lichtintensität und Temperatur bei.

Gerade diese Bedingungen sind Voraussetzung für die emerse Kultur. Deshalb funktioniert sie in unseren Breiten im Gewächshaus besonders gut während der warmen und sonnigen Jahreszeiten, im Frühjahr, Sommer und Herbst. Im Winter dagegen ist der Zuwachs trotz Zusatzlichts und Heizung unzureichend. Hoher künstlicher Energieaufwand kann nicht die Sonne ersetzen, wie man besonders bei langanhaltendem trüben Wetter feststellen kann.

Bei der Sumpfkultur verwendet man am besten humusreichen Bodengrund aus gut verrotteter Komposterde, Lehm und Hochmoortorf zu etwa gleichen Teilen. Käufliche Wasserpflanzenerde für Teiche kann ebenfalls verwendet werden. Der Bodengrund muß ausreichend feucht bzw. naß gehalten werden. Über dem Bodengrund stehendes Wasser ist ungünstig, weil sich dann Algen bilden. Außerdem ist eine hohe Luftfeuchtigkeit erforderlich. Werte von 80–100% ermöglichen es, daß sich die Temperatur ohne weiteres bis auf 45°C erhöhen kann, ohne daß es zu Pflanzenschäden kommt. Bei solchen Temperaturen und entsprechendem Licht ist das Wachstum enorm. 50°C sind allerdings die absolute Grenze!

Vorteilhaft ist, daß man bei dieser emersen Haltungsart keine Probleme mit Algen hat. Nachteilig ist dagegen, daß das Kultursubstrat, der Bodengrund, jährlich gewechselt werden muß. Das ist harte Arbeit und kostenaufwendig!

Gegenüber der Unterwasserkultur können bei emerser Haltung Probleme mit Schadinsekten, Landschnecken und Pilzen auftreten. Schadinsekten und Pilze verbreiten sich besonders in der lichtarmen Jahreszeit, wenn die Pflanzen keine optimalen Bedingungen haben.

Hydrokultur

Die moderne, erdlose Kultur von Pflanzen ist auch für die emerse Kultivierung von Aquarienpflanzen sehr günstig, und wird heute in großen Wasserpflanzengärtnereien ausschließlich angewendet.

Neben geringerem Arbeitsaufwand hat die Hydrokultur den Vorteil, daß sie weitgehend automatisiert werden kann. Mit Computern kann man die Temperatur und die Zusammensetzung der Nährlösung steuern. Besonders die computergesteuerte Ergänzung erschöpfter Nährstoffe ist sehr wichtig.

Die Pflanzen werden bei dieser Methode als kleine Stecklinge oder Jungpflanzen in die Verkaufsbehältnisse (Gittertöpfe mit Gesteinswolle) gesetzt. Die Gittertöpfe stehen am besten in passenden Plastik-Paletten, die einen Abstand der einzelnen Töpfe zueinander garantieren und gleichzeitig einen Lichtschutz für die Nährlösung bilden und dadurch ihr Veralgen verhindern.

Anfangs ist es günstig, die Gittertöpfe mit den Pflanzen nur in reinem Wasser oder stark verdünnter Nährlösung zu halten, damit eine schnelle und reichliche Wurzelbildung erfolgt. Bis dahin müssen sie mit Gärtnerfolie abgedeckt werden, damit sie nicht vertrocknen. Nach Durchwurzelung kann dann die Folie entfernt und die Konzentration der Nährlösung auf normal gebracht werden. Die Höhe des Nährlösungsstandes hält man meistens sehr gering, obwohl das bei Sumpfpflanzen nicht nötig ist. Die Hauptursache für den niedrigen Nährlösungsstand liegt vielmehr darin begründet, daß die verwendete Mineralwolle aus der Bauindustrie wasserabweisend ist und kaum Wasser aufnimmt. Bei höherem Flüssigkeitsstand würden die Töpfe ohne zusätzliche Beschwerung aufschwimmen und umkippen.

Es ist sehr vorteilhaft, die Nährlösung umzupumpen. Dadurch kommen die Wurzeln ständig mit unverbrauchter Lösung in Berührung, und die Pflanzen wachsen besonders gut.

Aquarienpflanzen in Hydrokultur im Gewächshaus: Die einzelnen Gittertöpfe stehen in Plastikpaletten.

Vermehrungsmöglichkeiten

Prinzipiell unterscheidet man die vegetative (ungeschlechtliche) und die generative (geschlechtliche) Vermehrung.

Vegetative Vermehrung

Sie ist die einfachste Methode und bei den meisten der Aquarienpflanzen anwendbar. Außerdem hat sie den Vorteil, daß alle Nachzuchtpflanzen in ihrem Aussehen genau der Mutterpflanze gleichen. Deshalb ist die vegetative Vermehrung auch die einzige Möglichkeit, um Pflanzenhybriden ohne Aufspaltung identisch weiterzuvermehren. Je nach morphologischem Aufbau der Pflanze können verschiedene Techniken eingesetzt werden.

Vermehrung durch Stecklinge

Dies ist die häufigste Vermehrungsart bei Aquarienpflanzen, die besonders bei den sogenannten Stengelpflanzen mit gegenständigen, kreuzgegenständigen oder quirlständigen Blättern, angewendet wird. Man unterscheidet Kopf- und Sproßstecklinge.

Die Stecklinge werden, wie aus der Abbildung ersichtlich, am besten mit einem scharfen Messer geschnitten. (Das Abtrennen mit einer Schere oder den Fingern verursacht häufig Quetschstellen, durch die empfindliche Pflanzen in der Folge zu Fäulnis neigen.) Dann entfernt man die Blätter am untersten Knoten der Stecklinge und steckt sie sofort in das Pflanzsubstrat, wo sie bald am untersten Knoten und oft auch

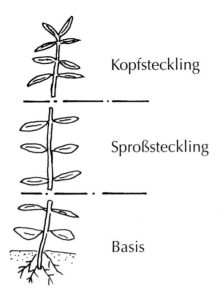

Kopfsteckling

Sproßsteckling

Basis

Stecklingsvermehrung von Stengelpflanzen.

an weiteren Knotenstellen Wurzeln treiben und dann weiterwachsen. Das geschieht bei Kopfstecklingen sehr schnell, sie setzen ihr Wachstum an der Triebspitze fort. Sproßstecklinge brauchen dazu länger, denn sie müssen erst ein bis zwei neue Knospen in den obersten Blattachseln bilden.

Die Stecklingsvermehrung ist sowohl bei submerser als auch bei emerser Kultur einsetzbar.

Die sogenannte Blattstecklingsvermehrung ist eine Vermehrung durch Adventivpflanzen und wird deshalb dort behandelt.

Vermehrung durch Kriechtriebteilung

Unter den Aquarienpflanzen gibt es auch einige Arten, die mit gestreckten Sproßachsen auf dem Boden entlangkriechen und an jedem Knoten ein Blatt und Wurzeln ausbilden. Sie entsprechen in ihrer Morphologie genau den Stengelpflanzen und deshalb kann man die Kriechtriebe auch ohne weiteres trennen und die Pflanzen dadurch vermehren. Es ist dabei sinnvoll, die Teilstücke nicht zu klein zu machen, sie sollten mindestens fünf Blätter haben. Bei emerser Kultur werden diese dann direkt eingepflanzt. Submerse Pflanzenteile kann man schonender behandeln, indem die Teilstücke nur auf dem Bodengrund aufgelegt und mit kleineren Steinen beschwert werden. An den Knoten bilden die Pflanzen dann neue Wurzeln, mit denen sie sich selbst verankern.

Kriechtriebpflanzen sind zum Beispiel: *Hydrocotyle verticillata* und *H. vulgaris* (Wassernabel), *Marsilea*-Arten (Kleefarn), *Microsorium* (Javafarn) und *Bolbitis* (Flußfarn).

Vermehrung durch Ableger

Diese Vermehrungsart ist wohl jedem Kleingärtner bei Erdbeeren bekannt. Dabei werden Ausläufer getrieben, und daran bilden sich im Abstand von der Mutterpflanze Jungpflanzen, die nach Bewurzelung abge-

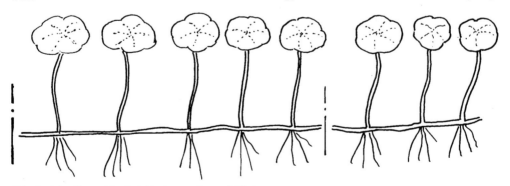

Kriechtriebteilung, hier bei *Hydrocotyle verticillata*.

Vermehrung durch Ableger bei kleinen *Echinodorus*-Arten.

trennt werden können. Ablegervermehrung ist für einige grundständige Pflanzengattungen, wie Zwerg-*Echinodorus*-Arten, *Cryptocoryne*-Arten, *Vallisnerien* und viele *Sagittarien* typisch. Einige Schwimmpflanzen, wie *Eichhornia crassipes* (Wasserhyazinthe), *Hydrocleis*- (Wasserschüssel-) Arten, *Limnobium*- (Froschbiß-) Arten, *Pistia stratiotes* (Muschelblume) vermehren sich ebenfalls durch Ableger. Einige Stengelpflanzen haben sogar neben der Vermehrung durch Stecklinge zusätzlich diese Vermehrungsart. Es sind *Hydrilla verticillata* (Grundnessel), *Limnophila aquatica* und *L.indica* sowie *Potamogeton*- (Laichkraut-) Arten.

Vermehrung durch Adventivpflanzen

Adventivpflanzen sind Jungpflanzen, die sich artabhängig bei einigen Aquarienpflanzen zum Beispiel an Blättern oder auch Blüten bilden. Typisch für Adventivpflanzenbildung an Blättern sind die Farne der Gattung *Ceratopteris: C. cornuta, C. pteroides* und *C. thalictroides*. Auch *Microsorium pteropus* bildet Adventivpflanzen, die sich allerdings nicht ablösen, sondern zu einem etagenförmigen Wuchs führen und der Pflanze auch den Namen Stufenfarn einbrachten.

Adventivpflanzenbildung bei großen *Echinodorus*-Arten.

Adventivpflanzen am Blattstielansatz bildet zum Beispiel die Seerosenhybride *Nymphea x daubenyana* aus. Hier kann

Adventivpflanzenbildung bei *Aponogeton undulatus*.

31

man die Vermehrung provozieren, indem man ausgereifte Schwimmblätter abtrennt und umgekehrt auf der Wasseroberfläche treiben läßt.

Typisch für Adventivpflanzenbildung am Blütenstand sind viele der großen *Echinodorus*-Arten, wie *E. amazonicus, E. bleheri, E. parviflorus* usw. An ihren meistens sehr verzweigten Blütenständen bilden sich sowohl bei submerser als auch emerser Kultur zahlreiche Jungpflanzen aus, die nur bei submerser Kultur nach einiger Zeit bewurzelt sind und dann abgetrennt und eingepflanzt werden können. Bei emerser Kultur ist es ratsam, die abgetrennten Jungpflanzen erst durch Einsetzen in ein Wasserglas zu bewurzeln, ehe man sie endgültig einpflanzt. In asiatischen Freilandzüchtereien schneidet man die ganzen Blütenstände ab und legt sie in flach überflutete Beete, wo sie dann selbst einwurzeln. Für den Pflanzenliebhaber ist es günstig, die Blütenstände nicht abzuschneiden, sondern an der Pflanze zu belassen. Bei vorsichtigem Abdrehen der Jungpflanzen bilden sich nach einiger Zeit an derselben Stelle erneut Adventivpflanzen aus.

Adventivpflanzen werden auch an den Blütenständen der sogenannten Lebendgebärenden *Aponogeton (A. undulatus)* ausgebildet.

Wie bereits unter „Vermehrung durch Stecklinge" angedeutet, ist die Blattstecklings-Vermehrung auch eine Vermehrung durch Adventivpflanzen. Sie ist von besonderer Wichtigkeit bei der Vermehrung von *Rorippa aquatica* (Wassermeerrettich). Abgetrennte Blätter werden am besten emers mit dem Blattstiel in den Bodengrund gesteckt, feucht bis naß gehalten und gegen Austrocknen durch Abdecken mit einer Folie geschützt. Nach einiger Zeit bilden sich zuerst am Blattansatz Wurzeln und dann Blätter aus. In noch größerem Umfang kann diese Art vermehrt werden, wenn man die Adern an der Unterseite der Blätter an vielen Stellen mit einer Rasierklinge einschneidet, die Blätter dann mit dieser Seite auf sehr sandhaltiges und feuchtes Substrat

Blattstecklingsvermehrung bei *Hygrophila polysperma*.

auflegt, mit Steinchen beschwert und mit einer Folie abdeckt. In der Folgezeit werden sich an allen Blattverletzungen zunächst Wurzeln und dann Blätter bilden. So hat man sehr schnell von wenigen Blättern einen großen Pflanzenbestand.

Blattvermehrung ist auch bei anderen Arten, wie *Ludwigien, Alternantheren* und *Hygrophilen* möglich aber gegenüber der Stecklingsvermehrung viel zu langwierig.

Vermehrung durch Rhizomteilung

Rhizome ähneln den Kriechsprossen, sie sind dicker und kürzer. Es sind meist verdickte Wurzelgebilde mit sehr kurzen Internodien. Sie dienen auch als Nährstoffreserve und befähigen dadurch viele Pflanzen, eine Vegetationspause zu überdauern. Typische Rhizompflanzen sind viele Seerosen.

Bei Aquarienpflanzen bilden vor allem *Nuphar*- und *Nymphaea*-Arten, *Anubias*-Arten, große *Echinodorus*-Arten, einige *Aponogeton*-Arten und viele *Cryptocoryne*-Arten Rhizome aus.

Im Laufe der Zeit können diese Rhizome verhältnismäßig lang werden und an verschiedenen Stellen austreiben und auch Wurzeln bilden. In diesem Fall kann man die Rhizome ohne weiteres durch einen geraden Schnitt mit einem scharfen Messer trennen. Am besten so, daß der untere Teil im Bodengrund bleibt und das abgetrennte Teil (nicht kürzer als 3 cm), neu eingepflanzt wird. Die Schnittstelle wird am besten mit Holzkohlepulver eingerieben, um

Invitro-Vermehrung in entsprechenden Gefäßen.

Ein Invitro-Labor für Aquarienpflanzen.

ein Verfaulen von der Schnittstelle her zu verhindern.

Nicht ausgetriebene, sehr lange Rhizome sollte man abschneiden und im Wasser schwimmen lassen. Wenn sie ausgetrieben haben und Wurzeln besitzen, kann man sie dann teilen und einpflanzen.

Invitro-Vermehrung

Diese Art der Vermehrung wird auch Meristemkultur genannt. Hierbei handelt es sich um die wirtschaftlichste vegetative Vermehrung von Pflanzen, die allerdings sehr kompliziert, aufwendig und teuer ist. Deshalb ist sie für kleinere Betriebe und Liebhaber kaum durchführbar. Sie hat den großen Vorteil, daß Wasserpflanzengärtnereien keine riesige Menge an Mutterpflanzen benötigen, es genügt zunächst eine einzige.

Die Invitrokultur kann an dieser Stelle nicht ausführlich beschrieben werden. Sie ist nicht für jede Art gleich zu handhaben, sondern die dazu erforderlichen Nährböden auf Agar agar-Basis müssen für jede Pflanzenart speziell entwickelt werden. Äußerst wichtig ist dabei eine sehr sterile Arbeitsweise, um zu vermeiden, daß sich Pilzkulturen auf den Nährböden ausbreiten und die ganze Kultur verderben.

Bei Interesse wird empfohlen, Spezialliteratur zu studieren.

Generative Vermehrung

Unter generativer Vermehrung versteht man eine Vermehrung durch Samen. Einige Aquarienpflanzen-Arten, wie *Aponogeton* lassen sich (bis auf zwei Arten) nur über Samen vermehren. Die generative Vermehrung ist meistens wesentlich langwieriger als die vegetative. Es entstehen bei der Entwicklung der Sämlinge oft schwierige Phasen, durch die man die Jungpflanzen einbüßen kann. So kann es vor allem sehr leicht zu Veralgungen kommen, die die Pflanzen ersticken. Außerdem müssen die Jungpflanzen von Zeit zu Zeit pikiert werden, damit sie zügiger wachsen. Man kann durch Samenvermehrung aber größere Stückzahlen auf einmal erzielen. Besonders wichtig ist die generative Vermehrung für die Sortenzucht, denn über Samen vermehrte Pflanzen sind niemals einheitlich, sondern variieren in ihrem Aussehen. Auch für die Kreuzungszucht ist künstliche Bestäubung und Aussaat unerläßlich. Darüber Näheres im Kapitel „Wasserpflanzen können auch gezüchtet werden".

Für die Aussaat sind keimfreie, sandhaltige Aussaaterde, Feuchthalten, Abdekkung zum Erhalt der Luftfeuchtigkeit, anfängliche Schattierung und vor allem Temperaturen um 28–30°C sehr wichtig. Bei hoher Temperatur ist das Keimergebnis und die Entwicklung der Keimlinge am besten.

Voraussetzung für die Samenentwicklung ist die Blütenbildung und Bestäubung. Bis auf wenige Ausnahmen bilden Sumpf- und Wasserpflanzen ihre Blüten über Wasser aus.

Bestäubung und Samenanzucht bei Wasserpflanzen

Nur bei wenigen Wasserpflanzen sind wir in der Aquaristik auf Samenbildung und Aussaat angewiesen, weil sie sich vegetativ meistens einfacher vermehren lassen. Eine wichtige Wasserpflanzengattung, die sich nur über Samen vermehren läßt, ist die Gattung *Aponogeton*. Hier gelingt nur selten eine Rhizomteilung oder das Abtrennen eines Seitentriebes. Dagegen blühen sie meistens nach einer Ruhephase und erneutem Austrieb sehr reichlich. An langen Blütenstielen werden ährenförmige Blütenstände über die Wasseroberfläche geschickt. Je nach Art sind diese Blütenstände ein-, zwei- oder mehrährig, die Ähren sind weiß, gelblich, rosa oder hellviolett. Die Einzelblüten an den Ähren blühen von un-

Das Aussäen von *Samolus valerandi* ist zwar langwierig, aber problemlos und ermöglicht eine reichliche Vermehrung dieser Art.

ten nach oben zeitverschoben über mehrere Tage. Nach Öffnung der Blüten kann man eine künstliche Bestäubung mit einem weichen Haarpinsel oder mit den Fingern vornehmen, indem vorsichtig über die Blüten gestrichen wird.

Achtung: Vorsicht vor unbeabsichtigten Kreuzungen. Wer Wert auf reine Arten legt, sollte für jede Art einen separaten Pinsel verwenden. Es gibt schon sehr viele *Aponogeton*, die man nicht mehr eindeutig zuordnen kann.

Ein kurzes Untertauchen der Blüte kann ebenfalls zur Bestäubung führen. Bei fast allen Arten ist diese Selbstbestäubung möglich. Wenn mehrere Blüten gleichzeitig blühen, sollte man es auch mit einer Fremdbestäubung versuchen. Bei *Aponogeton ulvaceus* ist nur Fremdbestäubung erfolgreich. Die Erfolge der Bestäubung sind sehr unterschiedlich, selten bilden sich an der

ganzen Ähre Samen aus, meistens nur am unteren Teil. Da bei Reifung der Fruchtstände die Samen leicht ausfallen, ist es ratsam, sie mit einem Stückchen Stoff einzubinden.

Zwecks Keimung werden die gesammelten Samen unmittelbar nach der Reifung in einen kleinen Wasserbehälter (Petrischale o. ä.) gegeben und warm und relativ dunkel aufgestellt. Nach einiger Zeit entwickeln sich die Sämlinge, die man aber erst auspflanzt, wenn die Pflänzchen etwa 2 cm groß sind. Am besten gedeihen sie, wenn man sie in ein bereits eingerichtetes Aquarium in die vorhandenen Zwischenräume einsetzt.

Bestäubung und Samenanzucht bei Sumpfpflanzen

Sumpfpflanzen in emerser Kultur blühen meistens reichlich.

Wichtig ist die Samenbildung eventuell bei *Echinodorus*-Arten. Diese haben überwiegend große Blütenstände mit vielen Einzelblüten. Die Einzelblüten sind zwittrig, d.h. männliche und weibliche Blütenteile befinden sich in einer Blüte. So kommt es bei *Echinodoren* häufig zu einer Selbstbestäubung und Samenausbildung. Um sicher zu gehen, kann man auch versuchen, mittels eines feinen Haarpinsels Pollenstaub anderer Blüten auf die Narben anderer Blüten zu übertragen.

Achtung: Auch hier sind bei Verwendung nur eines Pinsels unbeabsichtigte Kreuzungen möglich!

War die Bestäubung erfolgreich, werden nach einiger Zeit Samenkapseln ausgebildet, die, sobald eine Braunfärbung eintritt, ausgereift sind und geerntet werden können.

Samenbildung ist auch für die Vermehrung von *Anubias*-Arten notwendig, denn ihre vegetative Vermehrung durch Rhizomteilung ist wegen der geringen Wachstumsgeschwindigkeit begrenzt. *Anubias* bilden einen für Aronstabgewächse typischen

Blütenstand aus: Er besteht aus einem Kolben, der von der sogenannten Spatha je nach Art mehr oder weniger umhüllt ist. Am oberen Teil des Kolbens befinden sich die männlichen und auf dem unteren Teil die weiblichen Blüten. Beide reifen jedoch zu unterschiedlichen Zeiten, wodurch eine Selbstbestäubung vermieden wird. Zuerst reifen die weiblichen Blüten, die empfängnisbereit bleiben, bis im oberen Teil des Kolbens die männlichen Blüten ihre schleimigen Pollen absondern. Zu dieser Zeit schließt sich aber die Spatha fest um die weiblichen Blüten und verhindert dadurch eine Selbstbestäubung. Bei dem meist geringen Bestand an Pflanzen passiert es selten, daß mehrere Pflanzen gleichzeitig blühen. Um trotzdem die weiblichen Blüten künstlich befruchten zu können, muß man zu einem Trick greifen: Man entfernt die Spatha vorsichtig und kann nun mit einem Pinsel oder den Fingern durch Wischen von oben nach unten die klebrigen Pollen auf die weiblichen Blüten übertragen.

Auch von *Cryptocoryne*-Arten können Samen erzielt werden. Sie lassen sich zwar vegetativ durch Ausläufer, Ableger oder Rhizomteilung vermehren, für experimentierfreudige Aquarianer und zur Erzeugung von Hybriden gibt es aber auch die Möglichkeit der künstlichen Bestäubung. Es eignen sich dazu nur emers blühende Pflanzen.

Cryptocorynen gehören wie die *Anubias* ebenfalls zur Familie der Aronstabgewächse. Ihre Blüten weisen jedoch, wie aus der Zeichnung ersichtlich, eine Besonderheit im Bau und bei der natürlichen Befruchtung auf: Sie werden von kleinen Insekten bestäubt, die von der farbigen Spreite und durch einen intensiven, oft nicht sehr angenehmen Geruch angelockt werden. Sie kriechen durch den Schlund der Spatha in den Kessel hinein. Eine einwärts gekrümmte Klappe hält sie dort gefangen und infolge vergeblicher Befreiungsversuche bestäuben sie unfreiwillig die Blüte. Nach einiger Zeit verwelkt die Klappe, die Insekten werden befreit und besuchen die nächste Blü-

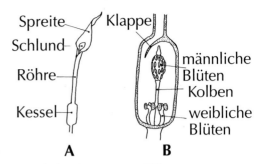

A) Typische *Cryptocoryne*-Blüte;
B) Aufgeschnittener Kessel einer *Cryptocoryne*-Blüte.

te. Da auch bei *Cryptocorynen* männliche und weibliche Blüten eines Blütenstandes zu unterschiedlichen Zeiten reifen, wird eine Selbstbestäubung ausgeschlossen.

Für die künstliche Bestäubung braucht man zwei unterschiedlich alte Blüten, eine frische und eine drei Tage alte. Dann werden die Kessel beider Pflanzen vorsichtig geöffnet, indem man einen Teil davon mit einer Rasierklinge abschneidet. Nun überträgt man mit einem kleinen Haarpinsel den klebrigen Pollen der drei Tage alten Blüte durch Bestreichen auf die Narben der frischen Blüte. Ist die Befruchtung gelungen, so bildet sich nach einigen Monaten eine Frucht aus, die nach Ausreifung sehr schnell zerfällt und die Samen freigibt.

Bereits aufgeplatzte Samenkapsel von *Cryptocoryne ciliata*.

Samenkapsel von *Cryptocoryne hudoroi.*

Vermehrung von Sporenpflanzen

Sporenpflanzen vermehren sich nicht nur vegetativ, sondern auch auf geschlechtlichem Wege über sogenannte männliche und weibliche Vorkeime.

Zu den Sporenpflanzen gehören die Farne. Bei emers gehaltenen *Ceratopteris-*, *Microsorium-* und *Bolbitis*-Pflanzen geschieht das meistens selbsttätig. Hier bilden sich die Sporen in speziellen Behältern, den *Sporangien,* wie bei anderen Landfarnen an der Unterseite der Blätter. Die bei der Reife braunen Sporen fallen aus und können vom Wind weggetragen werden. Gelangen sie auf günstiges und feuchtes Substrat so entwickeln sich aus ihnen die Vorkeimlinge, die wie kleine Lebermoose aussehen. Diese Vorkeimlinge sind zwittrig und bilden ebenfalls *Sporangien* aus, in denen sich weibliche *Archegonien* mit je einer Eizelle und männliche *Antheridien* mit einer Menge durch Geißeln bewegliche *Spermatozoiden* befinden. Bei ausreichender Feuchtigkeit kommt es zur Befruchtung der Eizellen durch die *Spermatozoiden,* und es entwickeln sich aus diesen Eizellen schließlich neue, kleine Farnpflanzen.

Bei *Isoetes-* (Brachsenkraut-) Arten, die sich kaum vegetativ vermehren lassen, haben künstliche Eingriffe Bedeutung erlangt. Hier werden in Sporenbehältern Mega- und Microsporen ausgebildet. Diese befinden sich an der etwas verdickten Basis der schnittlauchähnlichen Blätter. Voraussetzung für die Befruchtung und damit Vermehrung ist, daß beide Sporentypen zusammenkommen können. Da die Sporenbehälter aber sehr derb sind, ist das erst nach deren Verwesung möglich.

Bei der künstlichen Vermehrung werden die unteren Teile alter, äußerer Blätter von der Pflanzenrosette abgetrennt und in ein kleines Gefäß mit Wasser gegeben. Hier zersetzen sich in einigen Wochen die Sporangienbehälter. Nun wird das Ganze auf torfhaltigen Bodengrund geschüttet und emers bei Temperaturen um 30°C, mit einer Folie abgedeckt, bei hoher Luftfeuchtigkeit und mäßiger Beleuchtung aufbewahrt. Nach einiger Zeit entwickeln sich winzige Brachsenkraut-Pflänzchen, die wegen der Gefahr der Veralgung am günstigsten emers weiterkultiviert werden.

Aquarienpflanzen können auch gezüchtet werden

Nachdem bis dahin bestenfalls Wildformen von Wasserpflanzen gepflegt wurden, ist man in den letzten 20 bis 25 Jahren dazu übergegangen, das Sortiment der Aquarienpflanzen durch besonders dekorative Zuchtformen wesentlich zu erweitern. Einer der Ersten, der gezielt solche Zuchtformen herausbrachte, ist der bekannte deutsche Wasserpflanzengärtner Hans Barth aus Dessau.

Mutationen

In Dessau begann es mit einer Sproßmutante von *Cabomba caroliniana.* Diese Mutation besitzt gedrehte Blattsegmente, was ihr ein silbriges Aussehen gibt. Sie heißt deshalb *C. caroliniana* 'Silbergrüne' und konnte im Laufe der Jahre reichlich vermehrt werden.

Inzwischen gibt es eine ganze Menge von Wasserpflanzen-Zuchtformen, die durch Mutationen entstanden sind:

Zwei der letzten sind die von der Fa. Tropica Aquarium Plants in Dänemark in den Handel gebrachten Formen *Microsorium pteropus* 'Windeløv' und *Microsorium pteropus* 'Tropica'.

Microsorium pteropus 'Windeløv'.

Microsorium pteropus 'Tropica'.

38

Selektion von verschiedengestaltigen Sämlingen

Im Gegensatz zur vegetativen Vermehrung, bei der eine Pflanze der anderen gleicht, variieren Sämlinge mehr oder weniger. Man wird beispielsweise unter Umständen in der gleichen Aussaat von *Echinodoren* Pflanzen mit langen Blattstielen und auch kurzstielige Pflanzen finden. Kurzgestielte *Echinodoren* eignen sich besser für die Aquarienhaltung, deshalb sollte man solche Pflanzen selektieren und dann vegetativ weitervermehren.

Dasselbe trifft für Pflanzen mit schöngefärbten oder gefleckten Blättern zu. Zum Beispiel *Echinodorus schlueteri* neigt zu gefleckten Blättern. Auch hier wurde durch Selektion aus Sämlingen eine besonders stark und schön gefleckte Form *Echinodorus schlueteri* 'Leopard' von der Fa. Barth herausgezüchtet.

Durch Aussat und Selektion gibt es sicher noch viele Möglichkeiten, schöne und besser geeignete Formen zu züchten.

Kreuzung

Das Kreuzen verschiedener Aquarienpflanzen aus einer Gattung ist eine weitere Möglichkeit, um neue und dekorativere Aquarienpflanzen hervorzubringen.

Eine der am längsten bekannten Kreuzungen ist *Nymphaea x daubenyana*, die aus den beiden Arten *N. caerulea* und *N. micrantha* entstand.

Besonders in der Gattung *Echinodorus* sind durch Kreuzung eine kaum noch übersehbare Anzahl von Hybriden entstanden, die bei weitem nicht alle attraktiv aussehen und gut geeignet sind. Andererseits sind in den letzten Jahren aber auch einige sehr farbenprächtige und schöne Formen entstanden. Dabei wurden vor allem die dekorative rote Färbung des *Echinodorus barthii* und des roten *E. horemanii*, sowie die Fleckung des *E. schlueteri* mit Blattformen anderer Arten kombiniert. Leider ist oft die Herkunft der neuen Formen unbekannt, denn die einfachste Art solcher Kreuzungen besteht darin, daß man alle möglichen *Echinodorus*-Pflanzen durcheinander bestäubt, schließlich Samen erzielt und aussät. Aus Tausenden von Sämlingen finden sich dann immer ein paar interessante Kreuzungen, ohne daß deren Herkunft genau bekannt ist.

Gewissenhafte Züchter kreuzen gezielt, indem sie die Blüten, die für die Kreuzung vorgesehen sind, kastrieren. Das bedeutet, daß bei den zur Bestäubung vorgesehenen Blüten vor ihrer Reifung die Pollen entfernt werden, so daß eine Eigenbestäubung unmöglich ist. Dann wird der Pollen der zweiten Art auf die Narbe der kastrierten Blüte übertragen. Um sicher zu gehen, daß keine weitere, unbeabsichtigte Befruchtung erfolgt, muß die Blüte anschließend eingebunden werden. Nur auf diese Weise kann man letzendlich genau Auskunft geben, welche Arten gekreuzt wurden.

Vorteil der *Echinodorus*-Kreuzungen ist, daß die meisten Hybriden nicht steril sind. So wird oft zur Verbesserung der Hybride noch eine dritte Art eingekreuzt.

Aquarienpflanzen im Handel

Während früher die Aquarienpflanzen in Zoohandlungen einzeln und oft in Schalen liegend verkauft wurden, ist es heute allgemein üblich, Aquarienpflanzen im Topf (Gittertopf) oder als bleibeschwerten Bund anzubieten. Dadurch ist eine bessere Verkaufsqualität erzielt worden. Außerdem ist es so möglich, zusätzlich Schilder mitzuliefern, auf denen der Name der Pflanze und deren Kultivierungsansprüche aufgedruckt sind. Der Zoohändler kann die Pflanzen ohne großen Arbeitsaufwand verkaufsgerecht in speziellen, gut beleuchteten, gefilterten, durchfluteten und eventuell mit CO_2-Anlage versehenen Pflanzenbecken län-

gere Zeit hältern. Für die Pflanzen ist diese Handelsform im Vergleich zu fachgerecht in Aquarien eingepflanzten Einzelpflanzen nicht besonders günstig. Sowohl in den Bunden, als auch in den Töpfen befinden sich dichtgedrängt mehrere Pflanzen, so daß besonders die unteren Blätter zu wenig Licht bekommen. Die Folge davon ist, daß die Pflanzen nur begrenzte Zeit haltbar sind, weil sie in dieser Verkaufsform Schwierigkeiten mit der Nährstoffversorgung haben. Bei den Bunden ist dies offensichtlich, aber auch das aus Gesteinswolle bestehende Substrat in den Gittertöpfen enthält keine Nährstoffe. Besonders problematisch ist die

Aquarienpflanzen werden im Handel in Gittertöpfen oder als bleibeschwerte Bunde angeboten.

Verkaufsanlage für Aquarienpflanzen.

Aus Singapur importierte Aquarienpflanzen werden zum größten Teil in Malaysia herangezogen, in Singapur sortiert, gebündelt, verpackt und dann einen Tag vor dem Versand in einem speziellen Kühlraum auf 18°C heruntergekühlt. Das alles zusammen dauert mehrere Tage, was besonders die empfindlichen submersen Pflanzen mit vorzeitigem Zerfall quittieren.

Angelegenheit bei importierten Pflanzen, die zunächst in einer Wasserpflanzengärtnerei gebündelt oder in Gittertöpfe gesetzt werden und meistens wegen Absatzverzögerungen einige Zeit stehen, ehe sie zum Großhändler kommen. Der Großhändler gibt sie weiter an den Einzelhandel, und dort warten sie vielleicht noch 2 Wochen auf einen Käufer. Mit solchen Pflanzen hat der Kunde als Endverbraucher große Schwierigkeiten, sie brechen meistens zusammen, ehe sie im Aquarium anwachsen können.

Wenn es sich also irgendwie einrichten läßt, sollte man Aquarienpflanzen im Zoohandel möglichst direkt nach dem Eintreffen kaufen und zu Hause sofort aus den Bunden und Töpfen entnehmen und im Aquarium einpflanzen.

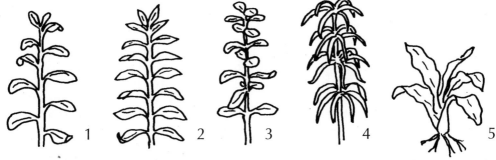

Bezeichnung der Blattstellung bei verschiedenen Aquarienpflanzen: 1 Stengelpflanze mit wechselständiger Blattanordnung; 2 Stengelpflanze mit gegenständiger Blattanordnung; 3 Stengelpflanze mit kreuzgegenständigen Blättern; 4 Stengelpflanze mit quirlständiger Blattanordnung; 5 Pflanze mit grundständigen Blättern (Rosettenpflanze).

Wie transportiert man Aquarienpflanzen?

Viele Aquarianer wissen nicht wie Aquarienpflanzen richtig transportiert werden müssen, damit man Beschädigungen und Verluste weitgehend vermeidet.

Immer wieder kann man beobachten, daß Wasserpflanzen in Eimern mit Wasser transportiert werden. Im ungünstigsten Fall bleibt bei dieser Transportart am Bestimmungsort nur Pflanzenhäcksel übrig, weil die Pflanzen durch die Wasserbewegung zerschlagen werden.

Richtig ist es, Aquarienpflanzen zunächst in feuchtes Zeitungspapier einzuwickeln und dann in leicht aufgeblasenen und zugeschweißten oder mit Gummiring verschlossenen Plastikbeuteln zu transportieren. Um sowohl Unterkühlung als auch Überhitzung zu vermeiden, verpackt man die Plastikbeutel am besten in einem Styroporkarton.

Ein Lexikon der wichtigsten Aquarienpflanzen finden Sie am Ende des Buches ab Seite 109.

Pflanzen, die sich nicht für Aquarien eignen

Dabei handelt es sich meistens um sehr dekorative und besonders farbige Zimmerpflanzen, die in submerser Kultur nur befristet im Aquarium überleben, wie: *Aglaonema*-Arten und -Formen, *Caladium*-Arten und -Formen, *Chlorphytum bichetii*, *Cyperus*-Arten, *Dieffenbachia*-Arten und -Formen, *Dracena*-Arten und -Formen, *Fittonia*-Arten, *Hemigraphis*-Arten, *Spatiphyllum*-Arten und -Formen, *Syngonium*-Arten und -Formen u.a.

Von seriösen Wasserpflanzengärtnereien und Großhändlern werden sie als Dekorations- und Terrarienpflanzen deklariert. Einige Zoohändler bestellen solche Pflanzen und bieten sie dann ohne Information für den Kunden in ihren Wasserpflanzen-Verkaufsbecken an. Wegen ihres attraktiven Aussehens ist der Absatz solcher Pflanzen enorm, und obwohl sie sich nicht lange halten, werden sie eigentümlicherweise immer wieder gekauft. Viele der Käufer behandeln sie wie Schnittblumen: Bei Verlust werden neue gekauft und eingesetzt.

Viele dieser Pflanzen, wie die *Dieffenbachia*-Arten, *Scindapsis*-Arten und *Philodendron*-Arten vertragen aber durchaus Staunässe im Wurzelbereich. Deshalb kann man sie in Paludarien und Aqua-Terrarien gut verwenden. Auch in einer Schale oder einem anderen, wasserdichten Gefäß am Fenster lassen sie sich gut pflegen.

Eine andere Verwendungsmöglichkeit für diese Pflanzen bietet sich für oben offene Aquarien an: Man bindet sie mit Draht mitsamt dem gelieferten Gittertopf und Pflanzsubstrat (oder auch ausgetopft) so am oberen Aquarienrand fest, daß sich ihr Wurzelbereich im Aquarienwasser befindet. So ist für diese Pflanzen das Aquarienwasser wie eine Hydro-Nährlösung, und sie entziehen ihm vor allem überschüssige Nitrate und Phosphate.

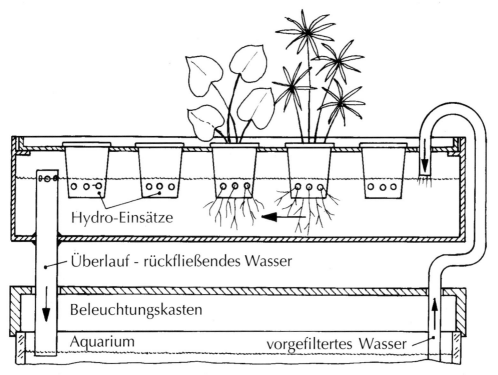

Hydro-Einsätze

Überlauf - rückfließendes Wasser

Beleuchtungskasten

Aquarium   **vorgefiltertes Wasser**

Ein über dem Aquarium installierter Pflanzenfilter mit dekorativen Pflanzen entzieht dem Aquarienwasser eine Menge überflüssige Nährstoffe, vor allem Nitrate und Phosphate, mit denen die untergetauchten (submersen) Aquarienpflanzen nicht fertig werden, und die die Ursache für unliebsame Algenbildung sind.

Einige Pflanzenarten, wie z.B. *Scindapsis* und *Philodendron* bilden dabei sehr dekorative Wurzelgeflechte im Aquarium.

Eine andere Möglichkeit der Verwendung dieser Pflanzen ist der Bau eines sogenannten Pflanzenfilters, der eine noch größere Wirkung als eingehängte Pflanzen hat. Wie aus der Zeichnung ersichtlich, wird dieser Pflanzenfilter am besten über dem Aquarium installiert. In seinem Aufbau entspricht er einer sogenannten Hydrobank: In einem wasserdichten, blumenkastenähnlichen Gefäß (man kann einen Plastik-Blumenkasten verwenden) werden einzelne Hydrotöpfe eingehängt und in der entsprechend ausgeschnittenen Abdeckplatte gehalten.

Das am besten bereits vorgefilterte Aquarienwasser wird mittels der Filterpumpe auf einer Seite in den Pflanzenfilter gedrückt, und auf der anderen Seite fließt das Wasser durch ein dickeres Überlaufrohr in entsprechender, wasserstandsbestimmender Höhe wieder zurück ins Aquarium. Über diesem Pflanzenfilter muß eine ausreichende, künstliche Beleuchtung vorhanden sein. So schafft man einen zusätzlichen, sehr attraktiven Blickpunkt, braucht auf die Dekorationspflanzen nicht verzichten und erreicht gleichzeitig eine sehr wirkungsvolle Filterung, die wie kein anderer Filter vor allem die stets im Überschuß im Aquarium vorhandenen Nitrate und Phosphate abbaut.

Anbei eine Auswahl der häufig angebotenen Pflanzen, die für submerse Kultur nicht geeignet sind:

Dracaena variegata (Gelb-grüner Drachenbaum).

Acorus-*Arten und Formen*

Aglaonema-*Arten und Formen*

Alternathera variegata

Caladium-*Arten und Formen*

Chamaedorea elegans *(Bambusgras)*

Chlorophytum bichetii

Commelina-*Arten*

Cordolyne-*Arten und Formen*

Cryptanthus-*Arten*

Cyperus-*Arten und Formen*

***(außer* Cyperus helferi)**

Dieffenbachia-*Arten und Formen*

Dracaena-*Arten und Formen*

Fittonia-*Arten und Formen*

Hemigraphis-*Arten und Formen*

Houttuynia cordata *und bunte Form*

Houttonia cordata 'Variegata' (Bunter Molchschwanz).

Hypoestes-*Arten und Formen*

Ophiopogon-*Arten und Formen*

Peliosanthes spec.

Philodedron-*Arten und Formen*

Pilea cadierei *und Formen*

Polygonum-*Arten und Formen*

Scindapsis-*Arten und Formen*

Syngonium-*Arten und Formen*

Selaginella-*Arten und Formen*

Hypoestes phyllostachya (Punktblume).

Hemigraphis repanda (Schmales Noppenblatt).

Hemigraphis colorata (Noppenblatt).

Dieffenbachia picta 'Exotica'.

Caladium humboldtii (Humboldts Buntblatt).

45

Caladium bicolor-Sorte (Buntblatt).

Ophiopogon jaburan 'Variegatum'.

Selaginella-Art.

Cyperus alternifolius (Zypergras).

Cordolyne fruticosa (Keulenlilie).

Syngonium podophyllum-Sorte (Efeublatt).

Pilea cadierei (Kanonierblume).

Aglaonema commutatum (Kolbenfaden).

47

Chlorophytum bichettii.

Scindapsus pictus (Gefleckte Efeutute).

Alternanthera variegata (Buntes Papageienblatt).

Chamaedoras elegans (Bergpalme).

Was benötigt man für ein bepflanztes Aquarium?

Gute Information und Planung sind für alle Investitionen die günstigste und kostensparendste Voraussetzung. Das trifft natürlich auch für die Anschaffung eines Pflanzenaquariums zu. Folgendes wird unbedingt benötigt:

Die Tiefe des Aquariums hat Einfluß auf die Gestaltungsmöglichkeiten und sollte deshalb nicht zu gering gewählt werden, mindestens 40 cm, für große Becken bis 60 cm. Bei größerer Tiefe treten wieder Probleme beim Hantieren auf.

Aquarium mit günstigen Abmessungen

In vorangegangenen Abschnitten haben wir schon festgestellt, daß ein Pflanzenaquarium mit den kostengünstigen Leuchtstofflampen wegen des erforderlichen Lichts möglichst nicht höher als 40 bis 45 cm sein sollte. - Aber auch bei vorgesehener HQL-Beleuchtung sollte ein Pflanzenaquarium nicht höher als 60 cm sein. In dieser Höhe ist noch ein müheloses Hantieren im Aquarium möglich.

Länge und Tiefe des Aquariums sind variabel und richten sich meistens nach dem vorhandenen Platz. Im Abschnitt „Leuchtstofflampen" auf Seite 20ff sehen wir, daß die Länge des Aquariums auch abhängig von der Länge der Leuchtstofflampen ist. Als Mindestlänge für ein kleines Pflanzenaquarium empfehle ich 70 cm. Holländische Aquarien lassen sich ab 1,30 m dekorativ gestalten.

Aquarien mit großem Wasserinhalt halten ein annähernd biologisches Gleichgewicht besser als kleine und machen dadurch weniger Arbeit.

Für sehr kleine Aquarien ist der empfohlene wöchentliche Teilwasserwechsel nicht ausreichend!

Offenes oder geschlossenes Aquarium?

Diese Entscheidung muß jeder für sich treffen. Sicher ist ein oben offenes Aquarium sehr beeindruckend. Man hat dann einen schönen und ungewöhnlichen Einblick in das Aquarium, kann Aquarienpflanzen auch über Wasser beobachten und außerdem ungehindert im Aquarium hantieren.

Für das offene Aquarium wird meistens die für die menschliche Gesundheit günstige Erhöhung der Luftfeuchtigkeit ins Feld

Offenes Aquarium, beleuchtet mit 2 HQL-Lampen. Über dem Aquarium befinden sich verschiedene Zimmerpflanzen.

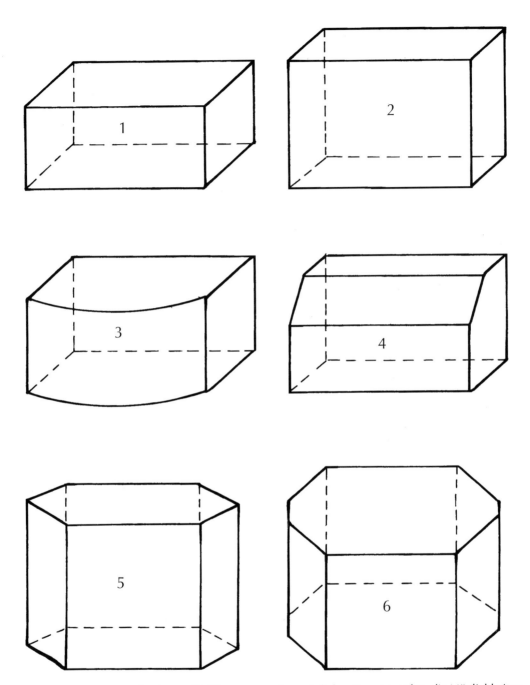

Eine Auswahl der verschiedenen, für Pflanzenaquarien möglichen Formen, sofern die Möglichkeiten für ausreichende Beleuchtung geschaffen werden: 1 Sehr günstig ist das relativ flache und großflächige Aquarium; 2 Für größere Planzen braucht man allerdings ein höheres Aquarium; 3 Sehr dekorativ kann ein Aquarium mit gewölbter Frontscheibe wirken; 4 Einen ungewöhnlich reizvollen Aufblick auf die Pflanzen ermöglicht ein Aquarium mit teilweise schräger Frontscheibe; 5 und 6 Verschiedene Varianten vom Dreieck- bis Achteck-Aquarium sind ebenfalls möglich.

Gekonnt eingerichtetes, offenes Aquarium mit HQL-Beleuchtung.

geführt. „Die Kehrseite der Medaille" ist aber, daß es durch diese erhöhte Luftfeuchtigkeit auch zu extremen Feuchtigkeitsschäden in der Wohnung kommen kann. Die Wasserverdunstung im offenen Aquarium ist erheblich, sobald die Raumtemperatur unter der Aquarientemperatur liegt. Die Luftfeuchtigkeit schlägt sich dann eventuell an kälteren Außenwänden nieder und verursacht hier häßliche Stockflecken, die bis zu Putz- und Mauerdurchfeuchtung führen können. Nach meinen Erfahrungen sollte man ein offenes Aquarium nie in einem Raum mit zwei aneinanderstoßenden Außenwänden aufstellen, weil diese kalte Ecke oft stockig wird.

Die Verdunstung eines offenen Aquariums ist am geringsten, wenn das Aquarium – bis auf eine eventuelle schwache Bodengrundheizung – nicht beheizt, sondern bei entsprechender Zimmertemperatur von etwa 20 bis 24°C gepflegt wird. Die Aquarientemperatur ist in diesem Fall aufgrund der Verdunstungswärme etwas niedriger, die meisten Pflanzen haben aber damit keine Schwierigkeiten. Auf sehr wärmebedürftige Fische muß man in diesem Fall verzichten.

Eine weiterer Nachteil des oben offenen Aquariums ist, daß die Fische ungehindert herausspringen können. Dem kann begegnet werden, indem man einen erhöhten Rand rund um das Aquarium anbringt. Außerdem ist es möglich, eine Art Gewächshaus aus Glasscheiben mit Bedienungsöffnung (siehe Zeichnung) auf das Aquarium aufzusetzen. Letzteres verhindert sowohl das Verdunsten als auch das Herausspringen der Fische.

Bei Verzicht auf eine Vegetation über dem Aquarium sind natürlich auch ganz gewöhnliche Deckscheiben brauchbar.

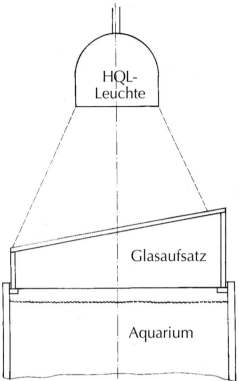

Geklebter Glasaufsatz für ein offenes Aquarium mit HQL-Beleuchtung.

Aquarienrückwand

Die Notwendigkeit einer dekorativen Aquarienrückwand wird häufig unterschätzt. Der Handel liefert meistens Aquarien ohne Rückwand. Es ist aber nicht schön, durch das Aquarium das Tapetenmuster zu sehen.

Fotorückwände

Die käuflichen Fotorückwände mit Aquarienbepflanzung, die in oder hinter dem Aquarium angebracht werden, würde ich nicht empfehlen. Wir wollen unsere Pflanzen nicht auf der Rückwand, sondern im Aquarium haben. Die Rückwand hat die Aufgabe, das Aquarium relativ unauffällig nach außen abzuschließen.

Rückwandgestaltung hinter dem Aquarium

Der Aufbau einer Aquarienrückwand hinter dem Aquarium ist ebenfalls nicht sinnvoll. Sie muß, um wirksam zu sein, zusätzlich beleuchtet, und die Rückscheibe muß ständig geputzt werden.

Gesteinsrückwände

Man kann auch richtige Steine (Basaltschotter oder Schiefer) an der Rückwand mit Silikonkautschuk ankleben, so daß eine Felswand entsteht. Nachteilig dabei ist aber die unnötige Schwere des Aquariums.

Leichtbaurückwände

Leichter und weniger aufwendig sind mit Silikonkautschuk eingeklebte Rück- und Seitenwände aus Natur-Korkrinde.

Eine andere Möglichkeit besteht darin, Rück- und Seitenwände aus Styroporplatten zu fertigen. Dazu werden aus 2 bis 3 cm starken Styroporplatten passende Stücke geschnitten und innen an der Aquariumrückwand und eventuell auch an den Seitenwänden mit Silikonkautschuk festgeklebt. Mittels eines heißen Lötkolbens können diese Wände nun so verändert werden, daß sie einer natürlichen Felswand gleichen. Man kann sogar kleine Erker aus Styropor mit Silikonkautschuk ankleben, in die Pflanzen in Substrat eingesetzt werden können. Ist der Rohbau soweit gelungen, gestaltet man die Wände anschließend mit grüner und schwarzer Schultafelfarbe oder Latexfarbe. Es ist zweckmäßig, vorher einen Test auf einem Stück Styropor zu machen, da lösungsmittelhaltige Farben das Styropor auflösen könnten.

Styroporwände haben den großen Vorteil, daß man Schläuche und Kabel problemlos in Aussparungen unterbringen kann. Filter u.ä. kann man durch Vorkleben von Styropor kaschieren.

Die Holländer fertigen Rückwände an, indem zunächst Wände aus Styropor eingeklebt und entsprechend bearbeitet werden.

Anfertigung einer Rückwand und Befestigen der Dekorationselemente für ein holländisches Biotopaquarium. Foto: G. Hop

Darauf bringt man dann mehrfache Schichten aus Fliesenkleber, bzw. einer Mischung aus weißem Zement mit scharfem Sand (Mischungsverhältnis 1:1) auf. Das hat den Vorteil, daß in diese obere, harte Schicht weitere Dekorationsmaterialien, wie z.B. Moorkienholz, eingebettet und befestigt werden können. Nach dem meistens recht lange währenden Austrocknen gestaltet man die Wände farblich mit Acrylfarbe.

Vor der Verwendung müssen solche Wände erst längere Zeit wässern, damit die anfängliche Trübung des Wassers verschwindet und sie keine schädlichen Stoffe mehr abgeben.

Schwarze Rückwände

Die einfachste, jedoch optisch sehr wirkungsvolle Rückwandgestaltung besteht in einer mit wasserbeständiger Farbe schwarz angestrichenen Wand. Notfalls reicht es auch, die Wand hinter dem Aquarium mit schwarzem Velourpapier zu bekleben. Mit einer schwarzen Rückwand erreicht man eine sehr gute Tiefenwirkung der Gesamtkomposition.

Farbige Rückwände

Neben der schwarzen Rückwandgestaltung werden oft auch Experimente mit blau oder weiß gefärbter Rückwand, besonders in japanischen Becken gemacht. Man sollte dabei darauf achten, daß eine solche Farbe nicht im Gesamtbild vorherrschend wird.

Beleuchtung

Entgegen manch anders lautenden Hinweisen, sollte man bei einem Pflanzenaquarium nicht mit Licht sparen (siehe auch Seite 17ff).

Die Beleuchtungskapazität der meisten käuflichen und mit Leuchtstofflampen bestückten Aquarien befindet sich leider an der unteren Grenze und ist für ein gut bepflanztes Aquarium ungenügend.

Um die empfohlene Beleuchtungsstärke (siehe Seite 17ff) zu erreichen, ist oft eine zusätzliche Bestückung mit Leuchtstofflampen erforderlich. Vor allem sollte man auf wirksame Reflektoren achten! Es gibt aufsteckbare Einzelreflektoren für Leuchtstoffröhren im Handel. Ohne Aufwand läßt sich auch eine jederzeit auswechselbare Aluminium-Haushaltfolie so über die Leuchtstofflampen legen, daß eine gute Reflexion gewährleistet ist.

Für höhere Aquarien über 50 cm werden Quecksilberdampflampen (HQL) oder Metalldampflampen (HQI) erforderlich, die wegen ihrer starken Erwärmung in größerem Abstand über dem Aquarium anzubringen sind. Als punktförmige Lichtquellen erzeugen sie allerdings eine schlechte Ausleuchtung, deshalb müssen mehrere verwendet werden. Man hat die Wahl zwischen 80 W- und 150 W-Lampen. Erstere haben nach meinen Erfahrungen für Pflanzenaquarien nur eine unzureichende Lichtausbeute. Alles weitere siehe unter „HQL- und HQI-Lampen", Seite 22.

Man sollte die Dauer der täglichen Beleuchtung über eine Zeitschaltuhr steuern. Das ist kein Luxus, sondern für das Pflanzenwachstum notwendig.

Durchlüftung, Wasserbewegung, Filterung

Eine Durchlüftung ist bei geringem Fischbesatz für ein Pflanzenaquarium nicht erforderlich. Sie ist sogar für das Pflanzenwachstum ungünstig, weil sie das Kohlendioxid austreibt.

Sehr zu empfehlen ist dagegen ein größerer, biologisch (d.h. bakteriell) arbeitender und mit einer Kreiselpumpe betriebener Filter, der auch Schwebstoffe ausfiltert. Es muß vermieden werden, daß sich diese auf den Pflanzen absetzen und so ihr Wachstum stören. Die Filtergeschwindigkeit sollte relativ gering sein und der Austritt des gefilterten Wassers muß so installiert werden, daß er sich entgegengesetzt dem Filtereingang unterhalb der Wasseroberfläche befindet und eine nur geringe Wasserströmung erzeugt. Zu hohe Wasserbewegung treibt an der Wasseroberfläche das CO_2 aus und bringt zu viel Sauerstoff ein. Das CO_2 fehlt den Pflanzen und hohe Sauerstoffwerte können das Algenwachstum fördern.

Technikraum für ein holländisches Aquarium.

Achtung: Ein über der Wasseroberfläche installierter Filteraustritt, der das Filterwasser in das Aquarium plätschern läßt, treibt ebenso wie eine Durchlüftung eine Menge des für die Pflanzen notwendigen CO_2 aus.

Heizung

Wir hatten schon festgestellt, wie wichtig die Einhaltung einer ausreichenden Temperatur im Aquarium ist. Da diese Temperatur in unseren Breiten in den meisten Fällen über der Raumtemperatur liegen muß, ist eine Aquarienheizung erforderlich. Am besten verwendet man einen sich selbst regelnden Stabheizer ausreichender Länge (siehe Zeichnung).

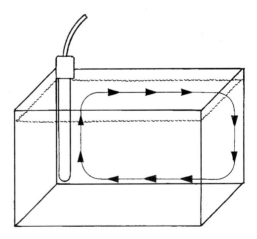

Stabheizer dürfen nicht zu kurz sein, damit eine richtige Wärmezirkulation gewährleistet ist und keine wesentlich tiefere Temperatur in Bodennähe auftritt.

Die notwendige Heizleistung ist vom Wasserinhalt des Aquariums und von der umgebenden Raumtemperatur abhängig. Hier läßt man sich am besten vom Zoo-Fachhändler beraten.

Nicht unbedingt notwendig, aber sehr empfehlenswert für ein gut bepflanztes Aquarium ist außerdem eine Bodengrundheizung. Diese besteht aus einem meistens mit Niederspannung betriebenem Heizkabel, das in Schleifen auf der Bodenscheibe unter dem Bodengrund verlegt wird und den Bodengrund nur ganz schwach aufheizt, so daß eine geringe Wasserströmung im Bodengrund entsteht, die sehr vorteilhaft für den Transport der im Wasser gelösten Nährstoffe zu den Pflanzenwurzeln ist.

Derselbe Effekt wird erzielt, wenn man die Vorschaltgeräte der Leuchtstofflampen unter dem Boden des Aquariums verteilt installiert.

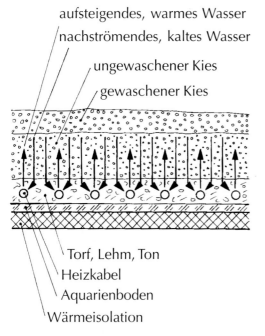

aufsteigendes, warmes Wasser

nachströmendes, kaltes Wasser

ungewaschener Kies

gewaschener Kies

Torf, Lehm, Ton

Heizkabel

Aquarienboden

Wärmeisolation

Eine Bodenheizung mittels eines handelsüblichen Heizkabels ergibt eine für Aquarienpflanzen sehr günstige, langsame Bodendurchflutung durch aufsteigendes, erwärmtes und nachströmendes, kälteres Wasser.

CO$_2$-Düngung

Kohlenstoff ist für alle Pflanzen der wichtigste Aufbaustoff, er macht bei Landpflanzen 80% ihrer Trockensubstanz aus und wird in Form von Kohlendioxid (CO$_2$) aufgenommen. Im Aquarium wird Kohlendioxid durch den Kalkgehalt des Wassers gebunden und hält so den Kalk in Lösung. Man nennt die dafür notwendige Kohlendioxidmenge auch Gleichgewichts-Kohlensäure. Ist zu wenig CO$_2$ im Wasser vorhanden, so fällt der Kalk als weißer und rauher Niederschlag aus und setzt sich überall, besonders auf den Pflanzen ab. Damit dies nicht geschieht, ist immer eine gewisse Menge freies, also nicht gebundenes Kohlendioxid erforderlich. Diese muß um so höher sein, je höher die Karbonathärte (dKH) des Wassers ist. So wird für Wasser mit einer Karbonathärte von dKH 4 weniger als 1 mg CO$_2$, für dKH 9 etwa 11 mg und für dKH 15 über 50 mg freies CO$_2$ benötigt. In den meisten Aquarien herscht ein Mangel an freiem Kohlendioxid, und besonders für die Kultur problematischer und roter Aquarienpflanzen ist CO$_2$-Düngung oft Voraussetzung.

In Wässern mit hoher Karbonathärte wird sehr viel Kohlendioxid durch den Kalk gebunden und steht dadurch den meisten Wasserpflanzen nicht zur Verfügung. Nur wenige Pflanzen, wie zum Beispiel die Wasserpest, können auch gebundenes Kohlendioxid für ihre Ernährung verwenden. Durch den Entzug des CO$_2$ fällt der vorher gebundene Kalk aus, und die Folge ist der bereits erwähnte, häßliche Kalkniederschlag auf den Pflanzen. In Wasser mit höherer Karbonathärte sollte möglichst CO$_2$ zugeführt werden.

Es gibt im Handel verschiedene Geräte, um Aquarienwasser mit CO$_2$ anzureichern. Sie unterscheiden sich dadurch, daß die einen mit Flaschen-CO$_2$ und andere mit Gasentwicklern (ähnlich dem Kippschen Gasentwickler) arbeiten. Mit letzteren Geräten ist man unabhängig vom Flaschentausch, dafür muß man aber mit gefährlichen Chemikalien (Salzsäure und Kalk) hantieren. Außerdem ist das Einbringen des CO$_2$ unter-

Eine handelsübliche Variante zur CO_2-Anreicherung des Aquarienwassers.

schiedlich (über Spiralen, Membranen, sogenannte Reaktoren o.a.) gelöst. Für größere Pflanzenaquarien sind Reaktoren (siehe Zeichnung) zu empfehlen, bei denen z.B. das ausströmende Filterwasser großflächig mit CO_2 angereichert wird.

CO_2-Geräte sind zu sehr unterschiedlichen Preisen erhältlich, deshalb sollte man sich beraten lassen und Funktion und Preise vergleichen.

Die einfachste Variante ist der Selbstbau einer von Kurt Paffrath empfohlenen Austauschrinne. Dazu ist die Karbonathärte (dKH) des Ausgangswassers zu messen, denn sie ist für die Länge dieser Rinne ausschlaggebend.

Es handelt sich um eine U-förmige, hinten und vorn abgeschlossene Rinne mit einer Breite und Höhe von 3 Zentimetern, die aus Glasstreifen mit Silikonkautschuk geklebt und an der Seitenscheibe des Aquariums so befestigt (angeklebt) wird, daß der untere Rand, wie aus der Zeichnung ersichtlich, etwa einen Zentimeter in das Aquarienwasser eintaucht. Für ein Wasservolumen von 100 Litern ergibt sich die Länge einer solchen Rinne aus nachfolgender Tabelle nach Kurt Paffrath:

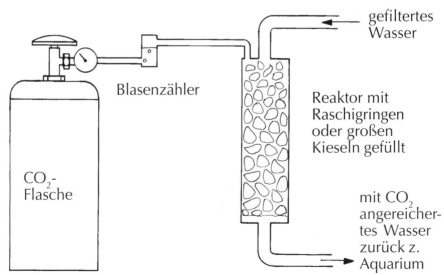

gefiltertes Wasser

Blasenzähler

CO_2-Flasche

Reaktor mit Raschigringen oder großen Kieseln gefüllt

mit CO_2 angereichertes Wasser zurück z. Aquarium

CO_2-Anreicherung mittels eines sogenannten Reaktors.

Karbonathärte	Rinnenlänge	das entspricht einer Kontaktfläche von
bis 10 dKH	10 cm	30 cm^2
11 dKH	18 cm	54 cm^2
12 dKH	25 cm	75 cm^2
13 dKH	30 cm	90 cm^2
14 dKH	40 cm	120 cm^2
15 dKH	45 cm	135 cm^2
16 dKH	50 cm	150 cm^2

Beim Gebrauch der Rinne verfährt man folgendermaßen: Mittels eines dünnen Luftschlauches, der mit einem Ende in die Rinne gehalten wird, saugt man am anderen Ende mit dem Mund die Luft aus der Rinne, so daß das Wasser nachströmt, und sie nun voll Wasser ist. Jetzt kann die Rinne mit CO_2 gefüllt werden. Das macht man am besten mittels eines Schlauches, der an einer CO_2-Flasche befestigt ist. Das CO_2 wird in die Rinne geblasen und verdrängt wieder das Wasser aus der Rinne, sie ist auf diese Weise mit CO_2 gefüllt und gibt es nach und nach an das Wasser ab. In der ersten Zeit wird man mindestens täglich die Rinne nachfüllen müssen, dann stellt sich ein gewisses Gleichgewicht ein, und das Nachfüllen ist nicht mehr so häufig notwendig.

Man kann den CO_2-Schlauch auch gemäß Zeichnung installieren. Mittels einer Schlauchklemme wird die Zufuhr dann entsprechend der aufsteigenden Blasen reguliert. So hat man gleichzeitig einen Blasenzähler.

Ich habe mit bestem Erfolg aussschließlich mit solchen Rinnen gearbeitet.

Nachts findet keine Pflanzenassimilation statt, deshalb wird während dieser Zeit auch kein CO_2 benötigt. Es können Kosten gespart werden, indem man ein Magnetventil ein-

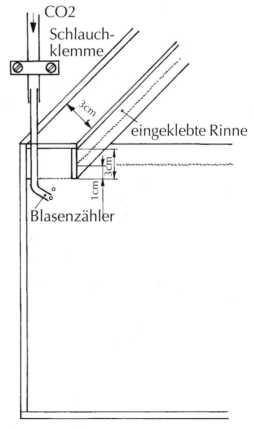

CO2

Schlauchklemme

3cm

eingeklebte Rinne

3cm

1cm

Blasenzähler

CO_2-Austauschrinne

baut, daß über die Schaltuhr mit dem Licht gesteuert wird (im Handel erhältlich).

Außerdem gibt es elektronische Anlagen, die die CO_2-Zufuhr in Abhängigkeit zum pH-Wert steuern. Der pH-Wert kann damit in den für Aquarienpflanzen günstigen Grenzen von pH 6,8 bis 7 gehalten werden.

Zum Schluß sei noch erwähnt, daß man sich eine sehr einfache CO_2-Anlage auf dem Prinzip der alkoholischen Gärung (siehe Zeichnung) selbst bauen kann. Dazu wird lediglich ein je nach Aquariengröße ein bis 10 l großer, dicht verschraubbarer Plastikbehälter benötigt, der etwa zu Dreiviertel mit einer 10%igen Zuckerlösung (100 g Zucker auf 1 l Wasser) und etwas Trockenhefe (etwa 2 g bei 1 l Wasser) gefüllt und bei einer Temperatur von mindestens 20–25° C aufgestellt wird. In der Folge kommt es zu einer stürmischen, alkoholischen Gärung und damit zu einer etwa drei bis vier

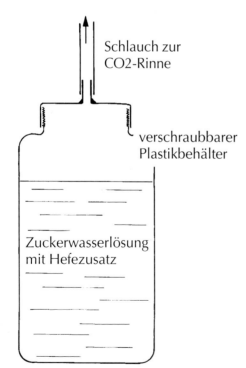

Schlauch zur CO2-Rinne

verschraubbarer Plastikbehälter

Zuckerwasserlösung mit Hefezusatz

CO_2-Produktion auf dem Prinzip der alkoholischen Gärung im Selbstbau.

Wochen anhaltenden Kohlendioxidproduktion. Dieses Kohlendioxid kann man über einen dünnen Schlauch und einen Durchlüftungsstein direkt in das Aquarium, aber besser, wie beschrieben, über eine selbstgebaute Rinne einleiten.

Dekorationsmaterial

Bei der Dekoration sollten wir von Ranchhäusern, Schriffswracks, Tauchern, Totenköpfen, Amphoren und ähnlichem absehen. Wir verwenden hauptsächlich Steine und Wurzeln. Wichtig ist, daß diese Dekorationselemente keine schädlichen Stoffe an das Aquarienwasser abgeben. Deshalb nimmt man bei Steinen hauptsächlich Urgestein, wie **Granit**, **Basalt** und **Porphyr**.

Sehr dekorativ ist **Schiefer**, aber hier muß man vorsichtig sein, denn er kann größere Mengen Metalle, wie z.B. das sehr giftige Kupfer enthalten. Schiefer ist sehr gut verwendbar für den Aufbau von Terrassen.

Auch **Lavagestein** mit seiner rotbraunen Färbung ist sehr gut geeignet und stellt eine Komplimentärfarbe zum Grün der Aquarienpflanzen dar.

Im Handel sind auch viele schön aussehende Halbedelsteine und Kristalle erhältlich. Im Aquarium werden diese über kurz oder lang allerdings mit Algen überzogen, und sie sind dann von anderen Steinen nicht zu unterscheiden. **Flußkiesel** sind dagegen gut geeignet.

Je nach Art der Unterwasserlandschaft, die gestaltet werden soll, sucht man Steine unterschiedlicher Gestalt aus: Bizarre, hochaufgerichtete Steine oder liegend geschichtete Steinplatten, können eine felsige Uferlandschaft darstellen, runde Kiesel unterschiedlicher Größe das Ufer eines ruhig dahinfließenden oder stehenden Gewässers.

Wurzeln dürfen keinesfalls im Wald gesammelt werden. Solche Wurzeln gehen im Wasser in Fäulnis über und entziehen ihm dadurch den Sauerstoff. Sehr gut geeignet sind **Moorkienwurzeln**, die schon lange im

Wasser gelegen haben müssen, damit sie ihren Auftrieb verlieren. Das oft sehr bizarre **Mangrovenholz** ist dagen schwerer als Wasser und kann sofort verwendet werden. Allerdings ist es besser, es vorher längere Zeit zu wässern, da sonst eine Braunfärbung des Wassers verursacht wird.

Als Dekorationselemente können auch die im Handel angebotenen Nachbildungen von Wurzeln und Steinen aus gebranntem Ton verwendet werden.

Vorrichtungen zum Wasserwechsel

Eine der wichtigsten Voraussetzungen für ein gut funktionierendes Pflanzenaquarium ist ein häufiger Teilwasserwechsel. Nur dadurch kann man ein gut bepflanztes Becken über Jahre halten, das bei entsprechender Pflege so schön wie am Anfang sein wird.

Man sollte wöchentlich ein Viertel oder ein Drittel des Gesamtvolumens wechseln. Mit Mitteln, wie z.B. Eimer und Schlauch ist das auf Dauer eine Sisyphus-Arbeit, und schon bald wird dieser Wechsel zur Last und immer öfter auf später verschoben. Die Folge ist, daß die Pflanzen nicht mehr gut wachsen, und sich dann häufig Algen ausbreiten.

Damit es nicht so weit kommt, sollte man gleich etwas mehr investieren und am Aquarium einen Wasserzufluß und einen Wasser-

ablauf installieren. Wenn nur etwa ein Drittel des Wassers gewechselt wird, reicht durchaus Kaltwasser aus. Mit Kaltwasser kann man nämlich mit dem physikalischem Prinzip arbeiten, daß kaltes Wasser schwerer als warmes ist. Ich habe damit sehr gute Erfahrungen gemacht. An allen meinen Becken ist ein Überlauf installiert, der mit dem Abfluß verbunden ist. Beim Wasserwechsel drehe ich dann nur den über dem Becken angebrachten Kaltwasserhahn geringfügig auf. Das einfließende kalte Frischwasser ist schwerer und sinkt nach unten, das verbrauchte und mit Stoffwechselabbauprodukten belastete, warme Wasser fließt durch den Überlauf ab. Dabei sollte man das Thermometer beobachten. Wenn die Aquarientemperatur um 3 bis 4° C gesunken ist, muß der Wasserhahn geschlossen werden. Diese geringe, relativ langsame Temperaturänderung wird sowohl von den meisten Fischen als auch von Pflanzen ohne weiteres verkraftet.

Dieser Wasserwechsel ist so bequem, daß er vom Sessel aus durchgeführt werden kann. Nachteilig ist nur, daß derartige Aquarien mit Wasserüberlauf nicht im Handel erhältlich sind, sondern selbstgebaut oder in Auftrag gegeben werden müssen (Zeichnung A oder A1). Wegen des erforderlichen Platzes bringt man den Wasserabfluß am besten an einer Seitenscheibe an.

Natürlich kann man den fest installierten Wasserabfluß auch so einrichten, daß das Teilentleeren des Aquariums mit einem Absaug-

Dieses Aquarium lenkt den Blick im Wohnzimmer auf sich. Größe 200 x 50 x 50 cm.

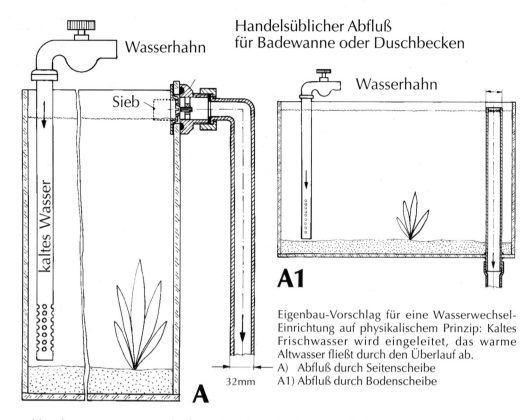

Wasserhahn

Handelsüblicher Abfluß
für Badewanne oder Duschbecken

Wasserhahn

Sieb

kaltes Wasser

32mm

A

A1

Eigenbau-Vorschlag für eine Wasserwechsel-Einrichtung auf physikalischem Prinzip: Kaltes Frischwasser wird eingeleitet, das warme Altwasser fließt durch den Überlauf ab.
A) Abfluß durch Seitenscheibe
A1) Abfluß durch Bodenscheibe

schlauch vorgenommen werden kann. (Zeichnung B oder B1) Dabei wird der Überlauf in Höhe des beabsichtigten Teilwasserwechsels (ein Viertel bis ein Halb) angebracht. In diesem Beispiel kann mittels eines Schlauchanschlusses 1" ein Absaugschlauch mit Trichter und Siebvorsatz

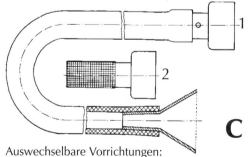

C

Auswechselbare Vorrichtungen:
1 Absaugschlauch mit Trichter und Sieb;
2 Siebvorsatz.

(Zeichnung C, Abb.1) angeschlossen werden, mit dem man den Bodengrund des Aquariums absaugen kann. So vermeidet man jegliche, unliebsame Wasserpantscherei außerhalb des Aquariums.

Soll lediglich ein Teilwasserwechsel ohne Absaugung durchgeführt werden, so wird anstelle des Absaugschlauches ein Schlauchanschluß mit einem Sieb (Zeichnung C, Abb. 2) angeschraubt.

Auch hierbei sollte die Wasserzufuhr fest angebaut sein. In diesem Fall kann Wasser in der richtigen Temperatur zugeführt werden.

Achtung: Zur Erwärmung des Wassers keine kupfernen Speicher verwenden, das kann zu Vergiftungen der Fische führen.

Außerdem lasse man den Wasserwechsel trotz aller Mechanisierung niemals unbeaufsichtigt, denn Wasserschäden in der eigenen und den darunter liegenden Wohnungen bringen erheblichen Ärger.

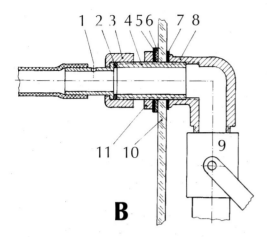

B

Eigenbau-Vorschlag für eine Wasserwechsel-Einrichtung mit temperiertem Frischwasser. (Abfluß durch Seitenscheibe)
1 Loch im Durchmesser von 3 bis 4 Millimetern, das verhindert, daß das Aquarium weiter ausläuft, als vorgesehen; 2 Gummidichtung; 3 Schlauchanschluß (komplett dargestellt unter „Auswechselbare Vorrichtungen); 4 1"-Rohr mit Gewinde; 5 Pertinax-Scheibe; 6 Gummidichtung; 7 Pertinax-Scheibe; 8 1"-Winkelstück; 9 1"-Kugelventil; 10 durchbohrte Aquarienscheibe; 11 1"-Mutter.

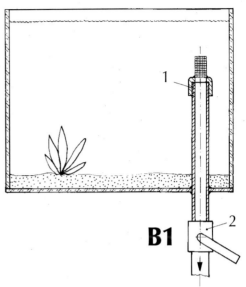

B1

Dieselbe Einrichtung mit Abfluß durch die Bodenscheibe
1 Siebvorsatz (nochmals dargestellt unter „Auswechselbare Vorrichtungen); 2 1"-Kugelventil.

Das Pflanzenaquarium als Zimmerschmuck

Es gibt verschiedene Möglichkeiten, um ein schön bepflanztes Aquarium im Wohnbereich zu integrieren.

Wie schon erwähnt, sollte es nicht direkt am Fenster stehen, denn bei direkter Sonneneinstrahlung besteht die Gefahr des Veralgens.

Von großer Wichtigkeit ist, daß man bei der Aufstellung sein enormes Gewicht berücksichtigt. Immerhin wiegt schon ein größeres leeres Aquarium allerhand. Hinzu kommt, daß jeder Liter Kies etwa 2kg und jeder Liter Wasser 1kg wiegt. Man sollte das Gesamtgewicht auf jeden Fall auf dieser Basis vorher überschlagen und sich rückversichern, daß der vorgesehene Platz auch die

An der Decke hängendes Aquarium des Autors.

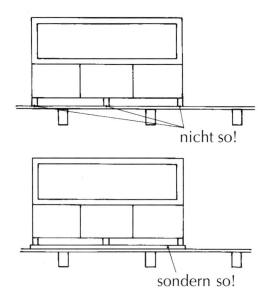

nicht so!

sondern so!

Punktbelastung des Unterboden bei der Aufstellung eines Aquariums vermeiden. Das ist besonders kritisch bei Dielenböden.

notwendige Tragfähigkeit besitzt. Vor allem darf die Last nicht punktförmig auf die Unterlage wirken, wie das z.B. bei vier Füßen der Fall ist.

Solange das Aquarium direkt an einer tragenden Wand steht, besteht selten Anlaß zur Besorgnis. Bei Dielenböden muß man sich über die Lage der tragenden Balken informieren und eventuell durch untergelegte Schienen für eine Druckverteilung sorgen.

Sehr kritisch kann die Angelegenheit werden, wenn ein Aquarium als Raumteiler verwendet werden soll und mitten im Raum steht. Hier ist es erforderlich, einen Baufachmann zu konsultieren.

Eine sehr schöne, aber relativ aufwendige Variante ist, das Aquarium in einen Wanddurchbruch einzubauen. Dadurch wirkt es wie ein Bild, und die Bedienseite befindet sich im Nebenzimmer.

Bei Schrankaquarien besteht immer die Gefahr, daß Holzteile durch die ständige Feuchtigkeit unansehnlich bzw. zerstört werden.

Man kann ein Aquarium mittels entsprechend konstruktiver Maßnahmen (Konsole oder ähnlichem) auch an einer tragfähigen Wand befestigen.

Ich selbst besitze seit 30 Jahren ein 1,60 m langes Aquarium, das mit 4 Stück 16 mm Rundeisen an der Decke hängt und auf dem darüber befindlichen Bodenraum entsprechend verankert ist. Das hat den Vorteil, daß kein Möbelstück mit dem Aquarium belastet wird. Beim Renovieren des Raumes können alle Möbel ausgeräumt werden, das Aquarium bleibt hängen.

Superlong-Aquarium mit Konsolen an tragfähiger Wand befestigt. Foto: J. Vente

Wie richtet man ein gut bepflanztes Aquarium ein?

Bevor mit der Einrichtung des Aquariums begonnen wird, sollte man sich einen Einrichtungsplan anfertigen, in dem nicht nur die Pflanzen, sondern auch die Dekorationsmaterialien eingezeichnet werden. Beispiele dazu finden Sie in den Kapiteln „Pflanzenaquarien für bestimmte Fischarten", „Holländische Aquarien" und „Japanisch eingerichtete Aquarien".

Darüber hinaus gibt es sicher ungezählte Möglichkeiten, ein Aquarium schön zu bepflanzen. Selbst wenn man verschiedenen Aquarianern die gleichen Mengen und Arten von Wasserpflanzen und Dekorationsmitteln zur Verfügung stellte, würde doch jedes Aquarium anders aussehen.

Äußerst wichtig ist aber, daß man beim Gestalten eines Aquariums von vornherein mit sehr vielen, möglichst schnell wachsenden Pflanzen (Stengelpflanzen) beginnt. Nur dann besteht die Chance, daß sich das Aquarium in Zukunft zu einem wirklich dekorativen Aquarium entwickelt. Es hat wenig Sinn, mit nur wenigen Pflanzen zu beginnen und zu hoffen, daß diese sich schon vermehren werden. Leider kehrt sich das immer in das Gegenteil um, und die Pflanzen wachsen eben nicht. Immer wieder beobachte ich, daß bei zu geringer Bepflanzung die Pflanzen vor sich hin kümmern, um dann schließlich abzusterben.

Einbringen des Bodengrundes

Die Bodengrundzusammensetzung wurde im Abschnitt „Bodengrund" detailliert beschrieben. Er wird schichtweise einge-

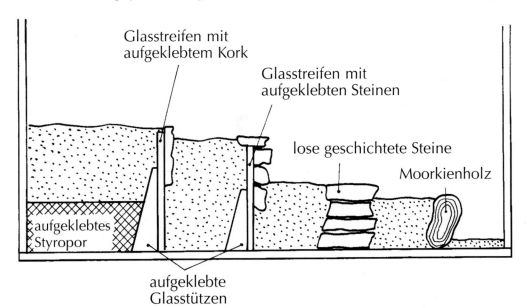

Glasstreifen mit aufgeklebtem Kork

Glasstreifen mit aufgeklebten Steinen

lose geschichtete Steine

Moorkienholz

aufgeklebtes Styropor

aufgeklebte Glasstützen

Möglichkeiten der Terrassengestaltung im Aquarium

bracht. Terrassen für unterschiedliche Bodengrundhöhen müssen dabei gleichzeitig aufgebaut werden. Dazu verwendet man auf die Bodenscheibe aufgelegte und geschichtete, flache Steine. Man kann auch entsprechende Glasstreifen mit Silikonkautschuk auf die Bodenscheibe aufkleben. Diese Glasstreifen werden am oberen Rand und an der Außenseite mit aufgeklebten kleinen Steinstücken kaschiert. Die Gesamtbodengrundhöhe sollte zwischen 6 und 10 cm betragen.

Stengelpflanzen und Knollenpflanzen, wie *Aponogeton*- und *Nymphaea*-Arten sind Oberflächenwurzler und benötigen deshalb nicht so dicke Bodengrundschichten.

Cryptocorynen und *Echinodoren*, sowie *Crinum*-Arten wurzeln sehr tief, für sie sind starke Bodengrundschichten angebracht.

Bolbitis, *Anubias* und *Microsorium* setzt man nicht in den Bodengrund, sondern pflegt sie als Aufsitzerpflanzen, sie werden auf Dekorationsgegenstände, wie Steine und Wurzeln aufgebunden.

Um bei hohen Terrassen nicht unnötig viel Bodengrund einbringen zu müssen, kann man an dieser Stelle eine entsprechend dicke Styroporplatte mit Silikonkautschuk auf die Bodenscheibe aufkleben.

Plazieren der Dekorationselemente

Dekorationselemente haben im Aquarium nicht nur gestalterische Aufgaben, sondern bilden gleichzeitig Versteck- und Ablaichplätze sowie Reviergrenzen für die Fische. Das sollte man bei der Gestaltung berücksichtigen.

Da wir in einem schönen Pflanzenbecken keine wühlenden Fische, wie z.B. Cichliden, große Welse und große Barben halten können, ist es nicht erforderlich, größere Dekorationselemente auf der Bodenscheibe zu fixieren.

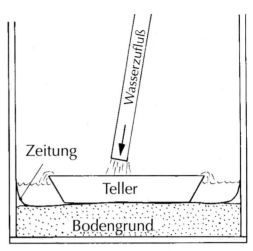

Einfüllen des Wassers mittels Schlauch.

Einfüllen des Wassers

Nach dem Einbringen der Dekorationselemente wird temperiertes Wasser bis etwa dreiviertel des Gesamtvolumens eingefüllt. Mit einer auf den Bodengrund aufgelegten und mit einem Teller beschwerten Zeitung kann man vermeiden, daß der Bodengrund aufgewühlt wird.

Bepflanzen

Abschließend wird das Becken nach dem zuvor aufgestellten Plan bepflanzt.

Von den käuflichen Pflanzenbunden entfernt man das Blei, Topfpflanzen werden vom Topf und der Gesteinswolle befreit. Nur in Ausnahmefällen, z.B. bei sehr großen Rosettenpflanzen (z.B. *Echinodoren*), die gut durchgewurzelt sind, ist es unter Umständen besser, die Pflanzen im Topf zu belassen und sie mit Topf und Substrat in den Bodengrund einzugraben. Dadurch erleichtert man der Pflanze das Weiterwachsen. Ansonsten dürfte die Gesteinswolle nicht gerade gesundheitsfördernd für die Fische sein, für Menschen ist sie besonders im trockenen Zustand nachgewiesenermaßen krebserregend.

Beim Gestalten des Aquariums ist es vorteilhaft, die Pflanzen gruppenweise in der Höhe zu staffeln, d.h., niedrige und niedrigbleibende Pflanzen in den Vordergrund, größere mehr nach hinten. Auch die Pflanzen in einer Gruppe müssen in der Höhe gestaffelt werden: Die vorderen und die äußeren Pflanzen sollten etwas niedriger sein. Um die entsprechende Staffelung zu erreichen, kürzt man Stengelpflanzen mit einem scharfen Messer am unteren Ende und entfernt die Blätter an den untersten ein bis zwei Knoten *(Nodien)*.

Sowohl Stengelpflanzen als auch Pflanzen mit größerem Wurzelgeflecht werden so in den Bodengrund gedrückt, daß dieser möglichst wenig aufgewühlt wird. Trotzdem ist eine Trübung des Wassers unvermeidlich, die aber nach einigen Tagen von selbst verschwindet.

In alten Aquarienbüchern findet man Beschreibungen und Abbildungen, die aussagen, daß die Wurzeln nicht gebogen, sondern säuberlich gerade, wie bei Gärtnern üblich, in den Bodengrund kommen sollen. Das ist wichtig für Landpflanzen. Für Wasserpflanzen ist dies unnötige Mühe, denn bei ihnen sterben in der Folge die alten Wurzeln ab, und es werden neue gebildet. Man sollte die Wurzeln von vorn herein um ein Drittel kürzen.

Es ist wichtig, daß die Pflanzen nicht zu dicht, sondern in einem geringen Abstand gesetzt werden, damit alle Blätter genügend Licht bekommen. Keinesfalls dürfen sie bündelweise eingepflanzt werden.

Als gute Hilfsmittel für das Setzen besonders kleinerer Pflanzen eignen sich spitze Pinzetten, die genau schließen und außerdem ein gutes Gefühl ermöglichen, damit nicht empfindliche Pflanzenteile zerdrückt werden.

Achtung: Technik ist zwar im Aquarium nötig, man sollte sie aber nicht unbedingt sehen. Deshalb sind alle technischen Geräte möglichst gut mit Pflanzen, Steinen oder Wurzeln zu kaschieren. Auch Thermometer und ähnliche zur Kontrolle notwendigen Einrichtungen sollten nicht direkt an der Frontscheibe ins Auge fallen.

Auf diesem Bild ist die Gruppenpflanzung und die Höhenabstufung der einzelnen Pflanzen in der Gruppe besonders gut zu erkennen. Foto: G. Hop

Gestaltungsvarianten durch Anwendung verschiedener Gesetzmäßigkeiten

Pflanzenaquarien sind Unterwassergärten. Keinesfalls dürfen in ihnen Pflanzen ungeordnet und wirr „wie Kraut und Rüben" durcheinanderwachsen. Durch den gezielten Einsatz gärtnerischer Gestaltungsmöglichkeiten und gesetzmäßiger Techniken, die Malern und Fotografen bekannt sind, kann jede Aquariengestaltung zum Erfolg geführt werden. Der Betrachter muß diese Voraussetzungen nicht kennen, wohl aber der Gestalter.

Gruppenpflanzung

Bis auf sehr vereinzelt verwendete Solitärpflanzen sollten alle Pflanzenarten in deutlich abgesetzten Gruppen gepflanzt werden. Das bedeutet, daß man etwas Abstand zwischen den einzelnen Gruppen lassen sollte. Am besten geht das, wenn zwischen die einzelnen Gruppen Moorkienwurzeln oder Steine gelegt werden (Siehe Bepflanzungsplan auf Seite 70).

Beim Pflanzen ist auf die Schaffung von Kontrasten in Blattform und Blattfarbe der Pflanzen zu achten.
Foto: G. Hop

Diagonal angelegte Pflanzenstraßen vergrößern die Tiefenwirkung.   Foto: G. Hop

Staffelung

Die Pflanzengruppen werden gestaffelt eingesetzt: niedrige und niedrig bleibende weiter vorn, größere weiter hinten. Das ergibt eine gestalterische Ordnung, die es ermöglicht, daß alle Pflanzen gut sichtbar sind. Die Staffelung muß bei der Pflege des Aquariums konsequent beibehalten werden. Das bedeutet, man muß eingreifen und die Pflanzen immer wieder entsprechend kürzen.

Schaffung von Kontrasten

Kontraste wirken harmonisch auf den Beschauer und machen das Aquarium interessant. Dazu setzt man Pflanzengruppen mit verschieden geformten, aber auch verschieden gefärbten Blättern nebeneinander, zum Beispiel Pflanzen mit gefiederten Blättern neben solche mit ganzrandigen und grüne Pflanzen neben rote. Dadurch werden Blickpunkte geschaffen, die das Auge leiten. Bei sehr langen Aquarien führen geschickte Übergänge von einem Blickpunkt zum andern.

Diese drei gärtnerischen Gestaltungsvarianten (Gruppenpflanzung, Staffelung und Kontraste) werden besonders in den „Holländischen Aquarien" eingesetzt, man kann sie aber immer anwenden.

Weitere interessante Gestaltungen können durch Gesetzmäßigkeiten, die aus der Malerei und Fotografie bekannt sind, erreicht werden:

Diagonalen

Ins Bild führende Diagonalen, z.B. von links vorn nach rechts hinten, führen den Blick des Betrachters. Sie geben sowohl einem Bild als auch dem Aquarium Lebendigkeit und Tiefe.

Als Diagonale können Wurzeln, Steinaufbauten, aber auch sogenannte Pflanzenstraßen eingesetzt werden. Pflanzenstraßen sind Schluchten zwischen den „Pflanzenwäldern". Sie bestehen aus niederen oder niedrig gehaltenen Pflanzen, die wie ein Tal wirken. Erfinder dieser Pflanztechnik sind Holländer aus der Stadt Leiden. Deshalb heißen derartige Pflanzenstraßen auch Leidensche Straßen.

Diese Wurzel wirkt als ins Bild führende Diagonale.

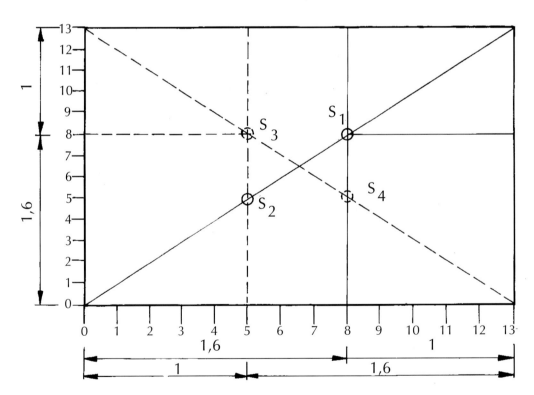

Prinzip der Aquariengestaltung nach dem Goldenen Schnitt: Je nach Einrichtung (Blickrichtung) sind S_1 und S_2 oder S_3 und S_4 die Schnittpunkte, in denen das Hauptmotiv plaziert werden sollte.

Goldener Schnitt

Die mathematische Gesetzmäßigkeit des Goldenen Schnittes wird von Malern und Fotografen mit großem Erfolg angewendet, indem das Hauptmotiv in den Schnittpunkt gesetzt wird.

Dazu muß man folgendes wissen: Der Goldene Schnitt ist eine Aufteilung im Verhältnis 5 zu 8 (bzw. 1 zu 1.6). Das bedeutet, man muß eine Strecke, in diesem Fall die Länge, bzw. Höhe des Aquariums in 13 gleiche Abschnitte unterteilen. Das Hauptmotiv wird dann von einer Seite gesehen in den 5. oder 8. Teilabschnitt gesetzt. Die Vollendung ist erreicht, wenn das Hauptmotiv sowohl in waagerechter, als auch in senkrechter Richtung im Goldenen Schnitt steht (siehe Zeichnung -Schnittpunkt S_1, S_2, S_3 oder S_4).

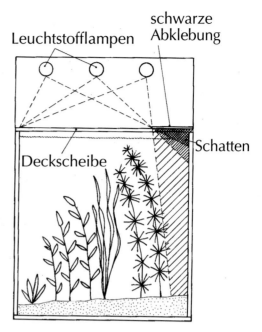

Möglichkeit zur Schaffung eines oberen, dunklen Hintergrundes

Bewußter Einsatz der Asymmetrie

Niemals sollte man ein Hauptmotiv, wie eine große Solitärpflanze, genau in die Mitte des Aquariums setzen. Damit zerschneidet man das Bild, wie der Maler sagt.

Außerdem wirken symmetrisch angelegte Gärten immer künstlich und oft auch langweilig.

Mit einer in den Vordergrund gesetzten großen Pflanze, Pflanzengruppe oder auch einem Stein kann man z.B. eine besonders große Tiefenwirkung erzielen.

Gestaltung mit dem freien Raum

Auch der freie Raum ist ein sehr wichtiges Gestaltungselement für den Maler und den Fotografen. Im Aquarium kann er die Tiefenwirkung ganz wesentlich vergrößern. So muß bei der Bepflanzung darauf geachtet werden, daß einige Durchblicke zum dunkel gehaltenen Hintergrund möglich sind.

In holländischen Aquarien, die nur von vorn betrachtet werden, folgt das Auge den Pflanzenschluchten, die bis zum dunklen Hintergrund führen sollen. Auch der obere Abschluß der Bepflanzung soll vor einem

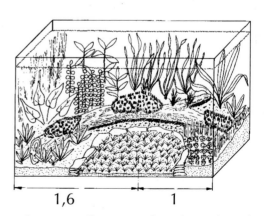

U-förmige Bepflanzung entlang der Rückwand und der Seitenwände, die einen freien Raum im Goldenen Schnitt freiläßt.

69

In diesem holländischen Aquarium wurden zur Erhöhung der Tiefenwirkung einige, höhere Pflanzengruppen bewußt in den Vordergrund gesetzt. Foto: J. Vente

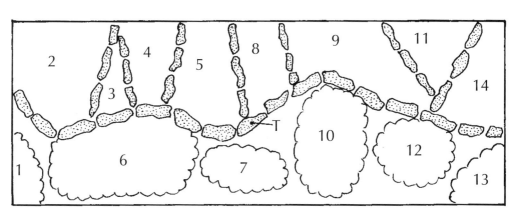

Bepflanzungsplan: 1 *Hydrocotyle leucocephala*; 2 *Alternanthera reineckii* 'Rot'; 3 *Echinodorus angustifolius*; 4 *Vesicularia dubyana*; 5 *Ammannia senegalensis*; 6 *Hemianthus micranthemoides*; 7 *Vallisneria spiralis var. spiralis*; 8 *Potamogetom gayi*; 9 *Limnophila aquatica*; 10 *Bacopa caroliniana*; 11 *Ludwigia repens x arcuata*; 12 *Lobelia cardinalis*; 13 *Hottonia palustris*; 14 *Rotala rotundifolia*; T Terassensteine, dienen hier auch zum Abgrenzen der Pflanzengruppen.

Typisch U-förmig bepflanztes Aquarium.

Solche gewundenen Pflanzenstraßen machen das Aquarium interessant und führen das Auge des Betrachters.   Foto: G. Hop

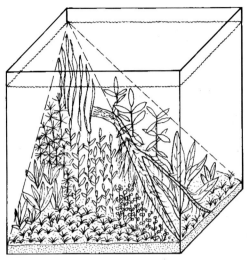

Ein würfelförmiges Aquarium läßt durch einen dreieckigen Gestaltungsaufbau eine Betrachtung von zwei Seiten zu.

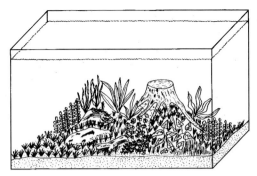

Für allseitig zugängige Aquarien eignet sich am besten eine Hügelgestaltung.

möglichst dunklen Hintergrund stehen. Das entspricht der Regel, daß die hellsten Details eines Bildes stets im mittleren Raum und nicht am Rand sein sollen. Als Hilfsmittel für die Abdunklung des oberen Hintergrundes setzt man deshalb, wie aus der Zeichnung ersichtlich, eine schmale Abklebung der Deckscheibe mit schwarzem Papier ein, die den oberen Hintergrund beschattet.

Die häufigste Gestaltung für quaderförmige, lange Aquarien ist eine u-förmige Bepflanzung entlang der Rück- und der Seitenwände, die einen freien Raum etwa im Goldenen Schnitt frei läßt.

Für Aquarien in Würfelgestalt, die von zwei Seiten betrachtet werden können, bewährt sich der Gestaltungsaufbau in Form eines Dreiecks.

Aquarien, die mitten im Raum stehen und von allen Seiten betrachtet werden, sind allgemein sehr schwierig zu gestalten. Hier bewährt sich der Aufbau eines Hügels. Ein Hügel erlaubt eine interessante, allseitige Betrachtung. Die Bepflanzung in nur einer Ebene wirkt dagegen langweilig.

Unterschiedliche Möglichkeiten der Bepflanzung

In der Geschichte der Aquaristik hat es stets modische Strömungen der Gestaltung gegeben. Das begann in Deutschland 1856 mit der Beschreibung und Darstellung eines Salonaquariums in dem Aufsatz „Der See im Glase", von Adolf Roßmäßler in der Zeitschrift „Die Gartenlaube". Das dazu veröffentlichte Bild zeigt ein Aquarium mit einer in der Mitte befindlichen Felsenlandschaft und einer weit herausragenden Sumpfpflanze.

Es folgten viele Jahre, meist vergeblichen Mühens mit Wasser- und Sumpfpflanzen.

Biotopaquarien

In den 1950iger Jahren, pflegte man als versierter Aquarianer ein sogenanntes Biotopaquarium, zum Beispiel ein Asienbecken, ein Südamerikabecken oder ein Afrikabecken.

Ein Aquarium wurde also nur mit Fischen und Pflanzen aus dem genannten Erdteil eingerichtet. Damit tat man sein aquaristisches Wissen kund, und die Fische und Pflanzen wurden heimatgerecht untergebracht.

Diese Art der Aquariengestaltung hielt sich recht lange, obwohl bald Skeptiker auftraten, die nachwiesen, daß eine solche Gestaltung im Sinne der Natürlichkeit und Realität völliger Unsinn ist: Fische und Pflanzen eines ganzen Erdteiles kommen in der Natur niemals zusammen vor, sondern jede Art hat ihr ganz spezielles Territorium. So findet man Fische oft in Gewässern ohne jeglichen Pflanzenwuchs, andererseits sind Pflanzengewässer oft kaum mit Fischen besetzt. Außerdem ist es den Fischen offensichtlich völlig gleich, wo die verwendeten Pflanzen beheimatet sind. So war das Biotopaquarium eines Tages passé.

Es muß jedoch gesagt werden, daß Biotopaquarien in Holland seit 10 bis 15 Jahren zunehmend ein Comeback feiern. Auch die Paludarien nehmen dort immer mehr zu und verdrängen die sehr arbeitsaufwendigen typischen holländischen Aquarien.

So gestaltet man Amazonas-Aquarien oder Malawi-Aquarien entsprechend der dort vorkommenden Unterwasserlandschaft mit viel Holz und Steinen. Ja sogar mit vielen langen Fadenalgen bzw. Bartalgen und/oder mit auf dem Boden liegendem Laub (z.B. Buchenlaub). Dazu besetzt man solche Becken mit den entsprechenden Fischen, auch sehr großen Cichliden. Die Bepflanzung ist oft minimal und kann das annähernde biologische Gleichgewicht im Aquarium nicht aufrechterhalten. Es ist zusätzlich ein großer technischer Aufwand in Form sehr wirksamer, großer biologischer Filter erforderlich.

Ich habe viele solche Aquarien in Holland gesehen. Wem es gefällt, der kann so etwas machen. Man möge mir jedoch verzeihen, wenn ich eine gar zu realistische

So kann es eventuell aussehen, wenn man ein Biotopaquarium zu realistisch gestaltet.

„natürliche Gestaltung" (wüstes Durcheinander von Steinen und Wurzeln) und beispielsweise völlig veralgte Malawiaquarien mit 10 cm langen Fadenalgen, selbst an den Pflanzen, ablehne. Man sollte die Natur in der Natur lassen!

Da solche Becken keinesfalls als dekorativ bepflanzt bezeichnet werden können, sollen sie hier nicht behandelt werden.

In diesem Aquarium wurde eine Röhrichtzone mit Bambus nachgestaltet.

Pflanzenaquarien für bestimmte Fischarten (Artenaquarien)

Um das Biotopaquarium zu korrigieren, ging man dazu über, Gewässerabschnitte, in denen bestimmte Fischarten vorkommen, nachzugestalten: So richtete man beispielsweise für Skalare ein Uferaquarium mit Röhrichtzone ein. Die Röhrichtzone wurde durch eingesteckte, dünne Bambusstäbe oder getrocknete Miscanthus-Halme dargestellt. Oder es wurde ein Abschnitt aus einem Bachlauf mit Barben und/oder Salmlern nachgestaltet. Es gibt hier also Zusammenhänge zu den heutigen holländischen Biotopaquarien, aber auch zu den von Takashi Amano gestalteten japanischen „Naturaquarien".

Der Besitzer dieses Biotopaquariums, das eine südamerikanische Flußlandschaft mit Diskus darstellt, wurde holländischer Landesmeister.

Beispiele mit Gestaltungsschemata:

Holländisches Biotopaquarium mit Malawisee-Cichliden.   Foto: G. Hop

Aquarium für Lebendgebärende Zahnkarpfen

Bei Aquarien für diese Fischarten kann man die ganze gestalterische Vielfalt einsetzen. Wichtig ist nur, daß einige dichte Pflanzenzonen vorhanden sind, in die sich die Weibchen vor den Nachstellungen der Männchen zurückziehen können, wo sie auch ihre Jungen werfen können, und wo die Jungen in der ersten Zeit Zuflucht vor ihren gefräßigen Eltern finden.

Artenbecken für Lebendgebärende Zahnkarpfen (*Priabella intermedia* - Leuchtaugenkärpfling). Größe 80 x 40 x 40 cm.

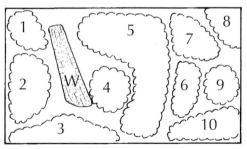

Bepflanzungsplan: 1 *Echinodorus martii*; 2 *Myriophyllum aquaticum*; 3 *Cryptocoryne parva*; 4 *Echinodorus cordifolius*; 5 *Alternanthera reineckii* 'Rosaefolia'; 6 *Lobelia cardinalis*; 7 *Hygrophila corymbosa* 'guanensis'; 8 *Cryptocoryne crispatula*; 9 *Barclaya longifolia* 'Rot'; 10 *Echinodorus aschersonianus*; W Wurzel.

Typisches Beispiel für ein nicht funktionierendes Cichliden-Pflanzenaquarium. Es ist leicht zu erkennen, daß selbst die friedlichen Maroni-Buntbarsche negative Auswirkungen auf die Pflanzen haben.

Aquarien
für mittelgroße Cichliden

Cichliden gehören zweifellos zu den interessantesten Zierfischen, deshalb ist ihre Anhängerzahl sehr groß.

Ich hatte schon erwähnt, daß sie nicht gut für schönbepflanzte Aquarien geeignet sind. Das leuchtet bei wühlenden Cichliden ein, die Pflanzen ausreißen oder abbeißen. Sie schaufeln meistens den Bodengrund so um, daß das Becken fast täglich neu, jedoch nicht im Sinne des Besitzers gestaltet ist.

Aber auch nicht wühlende Cichliden haben einen sehr ungünstigen Einfluß auf Pflanzen. Ich nehme an, daß ihr gesamter Stoffwechsel (starke Fresser=hohe Ausscheidungen) pflanzenfeindlich ist. – Siehe dazu das Foto des mit relativ friedlichen *Aequidens maronii* (Maroni-Buntbarschen) besetzten Pflanzenaquariums.

Wenn man versuchen will, ein bepflanztes Aquarium mit Cichliden zu gestalten, so sollte auf jeden Fall ihre Anzahl sehr gering gehalten werden. Am besten nur ein Paar mit einigen Beifischen als Feindfaktor (große Lebendgebärende, wie Schwertfische und Mollys). Außerdem ist es wichtig, häufiger als bei anderen Pflanzenaquarien einen großen Teilwasserwechsel durchzuführen.

Bei der Einrichtung muß berücksichtigt werden, daß ein Cichlidenpaar ein Brutrevier beansprucht, das es gegen alle anderen Beckenmitinsassen verteidigt. Die Lage dieses Reviers kann man vorausbestimmen, indem an diese Stelle zum Beispiel für die sogenannten Offenbrüter ein größerer, glatter Stein als Ablaichunterlage gelegt wird. Die Umgebung dieses Steins sollte pflanzenfrei sein. Der Bodengrund muß aus gut gewaschenem Kies bestehen. Bodengrundbeimischungen dürfen nicht verwendet werden, da zur Brutzeit von dem Cichlidenpaar Gruben zum Ein- und Umbetten der frischgeschlüpften Jungfische ausgehoben werden. Schon deshalb ist ein großer, wirksamer Filter Grundvoraussetzung.

Pflanzen können nur dort gesetzt werden, wo sie das Paar in seiner Revierverteidigung nicht beeinträchtigen, also entlang der Rückwand und entlang der Seitenwände. Am besten werden solche Pflanzen verwendet, wie unter „Aquarium für Malawi-Cichliden" empfohlen. Die Pflanzen benötigen jedoch nährstoffreicheren Bodengrund, deshalb setzt man sie am besten in größere, flache Töpfe mit entsprechendem Bodengrund. Die Töpfe werden eingegraben und mit Steinen und Steinplatten so kaschiert, daß die Topfränder nicht zu sehen sind, und die Cichliden das Pflanzsubstrat nicht auswühlen können. Trotzdem wird es hin und wieder vorkommen, daß ein Cichlidenpaar an einer bestimmten Stelle keine Pflanzen dulden will. Es ist dann am besten, nachzugeben und nicht zu versuchen, den Fischen seinen Willen aufzuzwingen. Sie gestalten das Aquarium ohnehin nach ihren Anschauungen. Der Pfleger kann nur mit viel Einfühlungsvermögen versuchen, das Gestaltungsbestreben der Fische in Grenzen zu halten.

Aquarium für Zwergcichliden

Auch bei Aquarien für Zwergcichliden, muß neben einer guten Gestaltung vor allem auf geeignete Revierabgrenzungen geachtet werden. Man sollte versuchen, beides in Einklang zu bringen. Die meisten der Zwergcichliden sind Höhlenbrüter, dadurch ist eine Revierfestlegung relativ einfach. Das Revier wird sich immer im Umkreis der entsprechenden Höhle befinden.

Bei der Gestaltung der Höhlen sollte man auf Natürlichkeit achten. Die üblichen Blumentöpfe und Kokosnußschalenhälften verschandeln das Bild.

Wie bereits erwähnt, sind auch Zwergcichliden nicht sehr pflanzenfreundlich, deshalb sollte man auch ihre Anzahl in Grenzen halten: 2 Paare in ein Aquarium der Größe 80 x 40 x 40 cm und etwa 3 Paare auf eine Beckengröße von 120 x 45 x 45 cm.

Pflanzenbecken, geeignet als Gesellschaftsaquarium. Größe 80 x 40 x 40 cm.

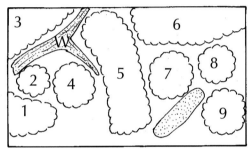

Bepflanzungsplan: 1 *Cryptocoryne wendtii*; 2 *Echinodorus parviflorus*; 3 *Ottelia alismoides*; 4 *Aponogeton ulvaceus*; 5 *Alternanthera reineckii* 'Lilacina'; 6 *Vallisneria spiralis var. spiralis*; 7 *Cryptocoryne balansae*; 8 *Sium floridanum*; 9 *Echinodorus horizontalis*.

Dazu kann man am besten noch einige Lebendgebärende und/oder Salmler als Feindfaktor setzen.

Bei polygamen Zwergcichliden, wie *Apistogramma agassizi*, *Lamprologus congolensis* u.a. genügt für den Besatz ein Männchen und mehrere Weibchen mit den entsprechenden Brutplätzen.

Aquarium für Skalare

Skalare gehören zu den Großcichliden und sind ebenfalls durch ihre Ausscheidungen nicht sehr pflanzenfreundlich. Deshalb auf ein 80 cm langes Aquarium nur ein Paar und auf ein 120 cm Becken höchsten zwei

Paare mit einigen anderen, kleineren Fischen als Feindfaktor (am besten Lebendgebärende).

Die Bepflanzung kann bis auf den vorgesehenen Ablaichplatz relativ dicht sein, jedoch so, daß die Skalare hindurchschwimmen können. Der Ablaichplatz bildet das eigentliche Revier und wird von dem Paar gegen andere Beckeninsassen verteidigt. Deshalb soll er nur mit niedrigen Pflanzen besetzt sein, damit die Tiere einen guten Überblick haben und ihn verteidigen können. Am Ablaichplatz bildet eine schräggestellte Wurzel die eigentliche Ablaichunterlage.

Sehr gut bepflanztes Diskus-Aquarium.
Foto: J. Vente

Aquarium für Diskus

Für Zuchtversuche werden Diskus meistens in möglichst sterilen Aquarien ohne Bodengrund und ohne Pflanzen gehalten. Einziges Untensil ist die Ablaichunterlage, bestehend aus einem Ton- oder Plastikkörper.

Als Liebhaber möchte man seine Diskus aber gern in einem dekorativen Aquarium pflegen. Das ist durchaus möglich, scheitert aber oft daran, daß bei den für die Diskuspflege notwendigen hohen Temperaturen von 28 bis 30°C die Beleuchtung zu gering ist. Wir haben die Zusammenhänge von Temperatur und Beleuchtung bereits diskutiert.

Bei entsprechender Beleuchtung kann ein Diskusbecken sehr gut mit allen Pflanzen besetzt werden, die im Pflanzenlexikon mit einer Haltungstemperatur bis 28°C angegeben werden. Die Einrichtung sollte in etwa einem Skalarbecken entsprechen.

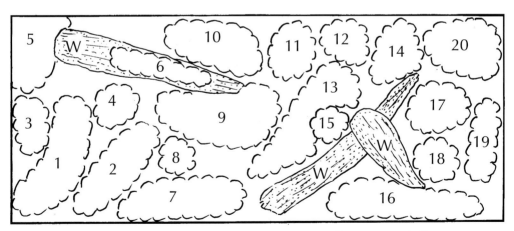

Bepflanzungsplan: 1 *Nymphaea lotus* 'Grün'; 2 *Cryptocoryne walkeri*; 3 *Myriophyllum pinnatum*; 4 *Barclaya longifolia* 'Rot'; 5 *Microsorium pteropus* (an der Rückwand befestigt); 6 *Vesicularia dubyana*; 7 *Alternanthera reineckii* 'Rot'; 8 *Eichhornia azurea*; 9 *Didiplis diandra*; 10 *Ludwigia repens*; 11 *Cryptocoryne aponogetifolia*; 12 *Myriophyllum aquaticum*; 13 *Lobelia cardinalis*; 14 *Hydrocotyle leucocephala*; 15 *Echinodorus uruguayensis* 'grün'; 16 *Sagittaria subulata*; 17 *Heteranthera zosteraefolia*; 18 *Nymphaea lotus* 'Rot'; 19 *Cryptocoryne crispatula*; 20 *Cryptocoryne undulata*; W Wurzel.

Aquarium für Tanganjika-Cichliden

Viele Fische aus dem Tanganjika-See sind im allgemeinen keine Pflanzenfresser, deshalb ist es möglich, das Becken gut mit Pflanzen zu gestalten. Das Wichtigste sind aber möglichst dekorative Steinaufbauten, als Versteckplätze und Brutreviere. Zwischen diese Steinaufbauten sollte man Pflanzengruppen setzen.

Auch können auf die Steinaufbauten durch Anbinden Aufsitzerpflanzen, wie z.B. *Microsorium pteropus, Bolbitis heudolotii* und *Anubias barteri var. nana* gebracht werden. Siehe außerdem die unter Malawi-Cichliden aufgeführten Pflanzen.

Einer der am längsten bekannten Tanganjika-Cichliden ist *Julidochromis ornatus*. Diese Art und auch einige andere Arten sind sehr interessant durch ihr Familienleben, denn alle Jungfische können im Aquarium bleiben, ohne von den Eltern behelligt zu werden. Nach einigen Bruten der Eltern befinden sich Jungfische verschiedener Größe im Becken. Problematisch kann es mit diesem Idyll werden, wenn man eines Tages einige Fische herausfängt. Ebenso, wie beim Hinzusetzen neuer Tiere kommt es dann zu Streit, großen Beißereien und eventuellen Tierverlusten.

Artenaquarium für Tanganjika-Cichliden.

Ausschnitt aus einem holländischen Malawi-Biotopaquarium.   Foto: G. Hop

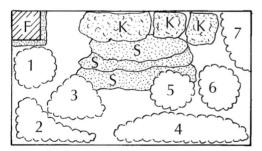

Bepflanzungsplan: 1 *Echinodorus uruguayensis* 'grün'; 2 *Hygrophila corymbosa*; 3 *Alternanthera reineckii* 'Lilacina'; 4 *Echinodorus aschersonianus*; 5 *Echinodorus cordifolius*; 6 *Nymphaea lotus* 'Rot'; 7 *Hygrophila difformis*; S geschichtete Schieferplatten als Versteckplätze und Reviere; K Kalksteine (Travertin); F Filter, mit Schieferplatten kaschiert.

Aquarium für Malawi-Cichliden

Malawi-Cichliden sind sehr streitsüchtig und Pflanzenfresser, deshalb werden sie meistens in pflanzenlosen Aquarien mit revierbildenden Steinaufbauten gehalten.

Immer wieder versuchen jedoch pflanzeninteressierte Liebhaber diese Fische in gut bepflanzten Becken zu halten, und das manchmal mit gutem Erfolg. Voraussetzung ist, daß man solche Pflanzen verwendet, die diesen Fischen offensichtlich nicht schmecken. Das sind *Microsorium pteropus* (Stufenfarn), *Bolbitis heudolottii* (Flußfarn), *Nymphaea*-Arten (Seerosen), *Aponogeton undulatus* und *Barclaya longifolia*.

Artenaquarium für Malawi-Cichliden. Größe 100 x 45 x 45 cm.

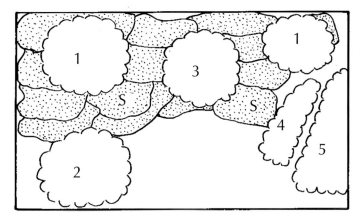

Bepflanzungsplan:
1 *Microsorium pteropus* (auf Stein aufgebunden);
2 *Nymphaea lotus* 'Rosa';
3 *Bolbitis heudelottii* (auf Stein aufgebunden);
4 *Alternanthera reineckii* 'Rosaefolia';
5 *Hygrophila corymbosa* 'guanensis';
S Geschichtete Steine mit Zwischenräumen als Versteckplätze und Reviere.

Mit verschiedenen *Anubias-*, *Cryptocoryne-* und großen *Echinodorus*-Arten kann man es versuchen, jedoch besteht keine Garantie, daß diese unbehelligt bleiben.

Es ist günstig, das Aquarium vor dem Besatz mit Fischen komplett einzurichten, und die Pflanzen erst anwachsen zu lassen.

Um die Fische vom Pflanzenfressen abzuhalten, sollte zusätzlich pflanzliche Nahrung in Form von Flockenfutter und überbrütem Salat oder Spinat gefüttert werden.

Bei leicht alkalischem pH-Wert, wie für Malawi-Cichliden arttypisch empfohlen, kann man Probleme mit dem Pflanzenwuchs bekommen (siehe pH-Wert, Seite 15). Nur wenige Pflanzen wachsen bei leicht alkalischem pH-Wert besser, z.B. *Vallisneria-* Arten und *Cryptocoryne affinis*.

Aquarium für Labyrinthfische

Labyrinthfische lieben eine dichte Bepflanzung durch die sie sich hindurchschlängeln können. Durch viele Pflanzen werden die unliebsamen Verfolgungsjagden rivalisierender Männchen vermieden. Außerdem finden auch die nicht laichreifen Weibchen Zuflucht vor den rabiaten Männ-

Der Marmorfadenfisch ist eine sehr attraktive Zuchtform des Blauen Fadenfisches (*Trichogaster trichopterus sumatranus*).

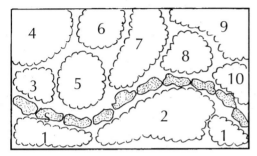

Bepflanzungsplan: 1 *Echinodorus tenellus*; 2 *Echinodorus bolivianus*; 3 *Cryptocoryne walkeri*; 4 *Nuphar japonica*; 5 *Nymphaea lotus* 'Rot'; 6 *Hygrophila corymbosa* 'guanensis'; 7 *Limnophila aquatica*; 8 *Saurus cernuus*; 9 *Ludwigia repens*; 10 *Echinodorus parviflorus*; S Terrassensteine.

chen. Oft wachsen in solchen Becken ohne weiteres eine Anzahl Jungfische auf. Besonders geschickt sind in dieser Hinsicht *Pseudosphromenus dayi* (Gestreifte Spitzschwanzmacropoden).

Küssende Gurami (*Helostoma temmincki*) sind trotz ihrer Größe in wenigen Exemplaren gut für den Besatz eines Labyrinthfischbeckens geeignet, weil sie gern Algen abweiden.

Schauaquarium, geignet für verschiedene Fischarten, auch z.B. für Labyrinthfische. Größe 100 x 45 x 45 cm.

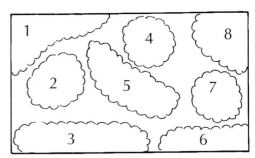

Bepflanzungsplan: 1 *Cryptocoryne cordata* 'blassii'; 2 *Ottelia alismoides*; 3 *Echinodorus quadricostatus*; 4 *Echinodorus martii* 5 *Ludwigia repens*; 6 *Echinodorus martii* (Jungpflanzen); 7 *Echinodorus horizontalis*; 8 *Nymphaea lotus* 'Rot'.

Pflanzenbecken, unter anderem geeignet für Labyrinthfische. Größe 80 x 40 x 40 cm.

Zweifellos einer der schönsten Aquarienfische ist der Zwergfadenfisch (*Colisa lalia*).

Zu den größeren Labyrinthfischen gehört der Mosaikfadenfisch (*Trichogaster leeri*).

Aquarium für Ährenfische

Einige Ährenfisch-Arten sind etwas scheu, deshalb ist ein gut bepflanzte Aquarium, das Versteckplätze bietet, sehr geeignet. Andererseits sollte an einer größeren Stelle genügend Platz im oberen Schwimmraum sein. Weiterhin ist ein Busch mit feinfiedrigen Pflanzen als Laichsubstrat sehr vorteilhaft. Bei guter Fütterung stellen die meisten Ährenfische weder ihrem Laich noch den Jungfischen sonderlich nach, so daß die an der Wasseroberfläche schwimmenden Jungfische herausgefangen werden können.

Melanotaenia boesemanni ist eine der schönsten Regenbogenfisch-Arten.

Artenaquarium mit Ährenfischen .
Größe 80 x 40 x 40 cm.

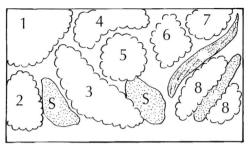

Bepflanzungsplan: 1 *Cryptocoryne crispatula*; 2 *Ceratophyllum demersum*; 3 *Hygrophila difformis*; 4 *Ludwigia repens* 'rundblättrig'; 5 *Echinodorus horizontalis*; 6 *Vallisneria spiralis var. spiralis*; 7 *Myriophyllum pinnatum*; 8 *Rotala rotundifolia*; S Steine.

Aquarien für Schwarmfische

Im Gegensatz zu Lebendgebärenden Zahnkarpfen und Labyrinthfischen brauchen Schwarmfische (z.B. Salmler und Barben) ausreichend freien Schwimmraum. Deshalb sollte man die hohe Bepflanzung auf Gebiete in der Nähe der Rückwand und der Seitenwände beschränken. Der als Schwimmraum vorgesehene Aquarienteil wird mit niederen Pflanzen besetzt. Am besten eignen sich hier ausläuferbildende Zwergschwertpflanzen, wie *E. quadricostatus*, *E. tenellus*, *E. bolivianus*, aber auch *Lilaeopsis*-Arten oder niedere *Sagittaria*- und kleine *Cryptocoryne*-Arten. Es genügt auch, wenn als Schwimmraum etwa 20 bis 30 cm im oberen Bereich von Pflanzen freibleiben.

Artenbecken für Schwarmfische, besetzt mit Neon (*Paracheirodon innesi*) und Panzerwelsen (*Corydoras spec.*). Größe 130 x 45 x 45 cm.

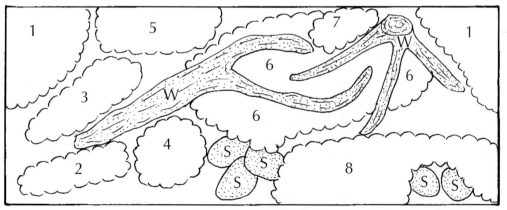

Bepflanzungsplan: 1 *Echinodorus cordifolius*; 2 *Echinodorus aschersonianus*; 3 *Alternanthera reineckii* 'Lilacina'; 4 *Limnophila sessiliflora*; 5 *Cyperus helferi*; 6 *Anubias barteri var. nana*; 7 *Anubias barteri var. barteri*; 8 *Lilaeopsis brasiliensis*.

Langes Schaubecken, geeignet für Schwarmfische. Größe 200 x 40 x 40 cm.

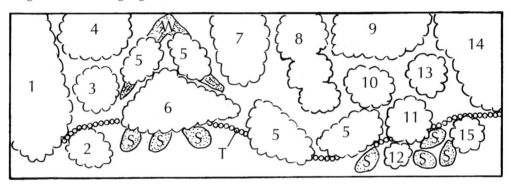

Bepflanzungsplan: 1 *Echinodorus uruguayensis*; 2 *Sagittaria subulata*; 3 *Aponogeton rigidifolius*; 4 *Rotala rotundifolia*; 5 *Vesicularia dubyana*; 6 *Didiplis diandra*; 7 *Microsorium pteropus*; 8 *Echinodorus bleheri*; 9 *Limnophila sessiliflora*; 10 *Rotala macrandra*; 11 *Eustralis stellata*; 12 *Echinodorus bolivianus*; 13 *Echinodorus parviflorus* 'Tropica'; 14 *Heteranthera zosteraefolia*; 15 *Echinodorus quadricostatus*; S Steine; T Terrassenbegrenzung, mit Bambusabschnitten kaschiert; W Wurzel.

Aquarium mit Keilfleckbärbingen (*Rasbora heteramorpha*). Größe 80 x 40 x 40 cm.

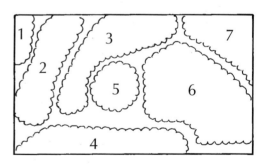

Bepflanzungsplan: 1 *Myriophyllum pinnatum*; 2 *Echinodorus uruguayensis*; 3 *Hygrophila difformis*; 4 *Anubias barteri var. nana*; 5 *Echinodorus cordifolius*; 6 *Alternanthera reineckii* 'Rot'; 7 *Echinodorus osiris*.

Artenaquarium für größere Barben (Malabar-bärbling - *Danio malabaricus*).
Größe 100 x 45 x 45 cm.

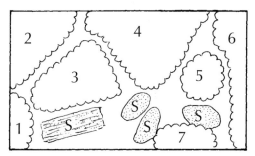

Bepflanzungsplan: 1 *Ludwigia repens*; 2 *Echinodorus parviflorus*; 3 *Ludwigia repens* 'rund-blättrig'; 4 *Limnophila sessiliflora*; 5 *Echinodorus osiris*; 6 *Hygrophila corymbosa* 'guanensis'; 7 *Cryptocoryne wendtii*; S Steine.

Zuchtaquarien

Im allgemeinen sind Zuchtaquarien meistens völlig bodengrundlos und nur mit den allernotwendigsten Utensilien, wie z.B. Ablaichpflanzen (meistens künstlichen), Ablaichsteinen, Ablaichhöhlen, Laichrosten u.ä. ausgerüstet. Das schafft für einen professionellen Züchter die wichtigsten Voraussetzungen für Arbeitszeitersparnis und Übersichtlichkeit.

Ein Hobbyzüchter oder Zierfisch-Fotograf möchte seine Fische oft auch während der Laichphase in einem schön eingerichteten Aquarium beobachten.

Im wesentlichen wird man in diesem Fall wie bei einem Artaquarium vorgehen, deshalb möchte ich hier solche Zuchtaquarien nicht gesondert beschreiben.

Holländische Aquarien

Holländer haben schon lange eine sehr hohe Wohnkultur, so wurde gerade hier das besonders dekorative Aquarium in den Wohnraum einbezogen.

In dem Bestreben, immer schönere Aquarien zu gestalten, entwickelten sie schließlich eine heute in aller Welt bekannte und begehrte Art der Gestaltung. Viel trugen dazu die organisierten Aquarianer bei, die jährlich sogenannte Heimschauen durchführen. Dabei werden von Fachjuroren die Heimaquarien der einzelnen Vereinsmitglieder

beurteilt, bewertet und schließlich prämiert. So ermittelt man zunächst die vier besten Aquarien jeder Aquarienart der Vereinsmitglieder, die dann an der Distriktsbewertung teilnehmen. Aus den Siegern der Distrikte werden zuletzt die Landesmeister ermittelt. So gibt es für jede zur Bewertung kommende Aquarienart (Gesellschaftsaquarium, Spezialaquarium mit Fischen, Spezialaquarium ohne Fischen, Paludarium und Seewasseraquarium) je einen holländischen Landesmeister.

Durch häufig veröffentlichte Fotos wurden vor allem die in ihrer Gestaltung beispielgebenden holländischen Gesellschaftsaquarien in aller Welt bekannt, und man versuchte überall, sie nachzugestalten. Wie bei vielen solchen Nachgestaltungen (siehe japanische Gärten) wird jedoch selten die Perfektion der Originale erreicht: Man braucht für ein solches holländisches Aquarium je nach Größe Hunderte bis Tausende von Aquarienpflanzen (meistens Stengelpflanzen), und das Becken muß ständig gepflegt werden. Das bedeutet, wöchentlich wird ein großer Teilwasserwechsel durchgeführt, und die Pflanzen werden wieder auf die ursprüngliche Höhe gebracht. Das geschieht in den meisten Fällen nicht durch einfaches Kürzen am oberen Ende, weil das zu unschönen Neuauswüchsen führt, sondern die Pflanzen werden einzeln herausgezogen und am unteren Ende eingekürzt.

Artenbecken für Salmler im holländischen Stil, besetzt mit Brillantsalmlern (*Moenkhausia pitteri*). Größe 100 x 45 x 45 cm.

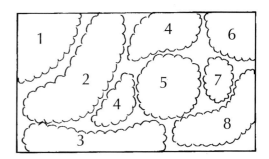

Bepflanzungsplan: 1 *Bacopa caroliniana*; 2 *Hygrophila corymbosa* 'guanensis'; 3 *Echinodorus tenellus*; 4 *Vesicularia dubyana*; 5 *Nymphaea lotus* 'Grün'; 6 *Hygrophila difformis*; 7 *Ammannia gracilis*; 8 *Saururus cernuus*.

Holländisches Gesellschaftsaquarium.
Foto: J. Vente

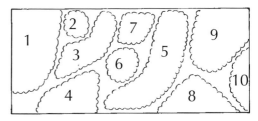

Bepflanzungsplan: 1 *Hygrophila difformis*; 2 *Echinodorus bleheri*; 3 *Ammannia senegalensis*; 4 *Didplis diandra*; 5 *Lobelia cardinalis*; 6 *Echinodorus parviflorus*; 7 *Myriophyllum pinnatum*; 8 *Echinodorus quadricostatus*; 9 *Alternanthera reineckii* 'Lilacina'; 10 *Rotala rotundifolia*.

Japanisch eingerichtete Aquarien

Schön bepflanzte Aquarien sind in Japan sehr beliebt und verbreitet. Es gibt eine Menge spezieller Wasserpflanzengeschäfte, die sich mit der Einrichtung, Bepflanzung und Pflege von Aquarien beschäftigt. Anfänglich waren für Japaner holländische Aquarien das erstrebenswerte Ziel.

Erst Takashi Amano begann damit, seine Aquarien in der Art japanischer Gärten einzurichten. Sie stellen, wie die japanischen Gärten auch, eine phantasievolle Nachbildung einer Naturlandschaft dar. Mit dieser Art der Bepflanzung brachte es Amano innerhalb weniger Jahre zu großer Vollkommenheit, so daß er heute Aquarien im Auftrag einrichtet. Inzwischen hat er mit seiner Firma ADA (Aquarium Design Amano) eine ganze Industrie geschaffen, die vielseitige Aktivitäten entfaltet und auch das notwendige Zubehör für diese „Naturaquarien" liefert.

Noch ist diese Art der Bepflanzung in Japan nicht Allgemeingut geworden, aber der von Amano ins Leben gerufene Verein „Nature Aquarium Party" zählt schon weit mehr als 5000 Mitglieder. Zur allgemeinen Verbreitung dieser „Naturaquarien" trägt außerdem eine monatlich erscheinende Zeitschrift „Aquajournal" bei, die ebenfalls von Amano herausgegeben wird und die sich speziell mit der Einrichtung und Pflege solcher Aquarien befaßt. Diese Zeitschrift

Dieses von Amano in einem typisch japanischen Gartenstil gestaltete Aquarium ist 25 x 20 x 20 cm groß und faßt nur 10 l, trotzdem wirkt es wesentlich größer. Seine Bepflanzung besteht aus einem bisher noch nicht bestimmten Wassermoos, und es ist mit einem kleinen Schwarm *Rasbora dosiocellatus* besetzt. Bodengrund: grober Meeressand mit Düngerzusatz. Wasserwerte: pH = 6.9, dGH = 2°, dKH = 2°, T = 27°C. Wasserwechsel: täglich die Hälfte. Beleuchtung: 30 W. Beleuchtungsdauer: 10 Std./Tag. CO_2-Zugabe: mittels Zerstäuberglas und Blasenzähler (1 Blase/s).
Foto: T. Amano

schreibt in bestimmten Zeitabständen auch Wettbewerbe für das beste Naturaquarium aus und prämiert die fünf besten Teilnehmer.

Unbestreitbar hinterläßt die Aquariengestaltung nach Amano einen tiefen Eindruck auf die Betrachter. Es bleibt aber abzuwarten, ob auch Aquarianer anderer Länder in der Lage sind, solche Becken zu gestalten.

Wahrscheinlich wird es aber so sein, daß auch hier Nachgestaltungen niemals die Perfektion eines Originals erreichen.

Was ist das Typische an dieser Art Gestaltung? Abweichend von anderen Aquarienbepflanzungsvarianten sind es in erster Linie sehr kleine und andererseits als Einzelpflanze spillrige Arten, die hierbei überwiegend verwendet und sehr dicht eingesetzt werden. Es sind Pflanzen, die meistens in deutschen und holländischen Becken kaum eine Rolle spielen, weil sie einerseits als Vordergrundpflanzen zu wenig Licht bekommen würden, andererseits als Einzelpflanzen mit kleinen und/oder schmalen Blättern nicht sehr dekorativ aussehen oder solche, die oft zu schnell wachsen und alles verkrauten können. Diese Pflanzen bilden in den japanisch gestalteten Becken meistens dichte Rasen, die teilweise durch rigorosen Schnitt mit einer Schere auf bestimmter Höhe gehalten werden. Außerdem werden Steine und auch bepflanzte Wurzeln nach dem Prinzip der japanischen Gartengestaltung sehr gekonnt eingesetzt.

Typisch für diese japanischen „Naturaquarien" ist eine sehr hohe Beleuchtungsintensität und ein sehr häufiger, meistens wöchentlicher (oft auch häufigerer) Teil-

Dieses Aquarium ist nur 31,5 x 30 x 24 cm groß und faßt 12 l. Die Gestaltung ist einem japanischen Garten nachempfunden. Man ist dort bestrebt, nach den Gestaltungsprinzipien des Zen-Buddhismus die Natur auf begrenztem Raum nachzuahmen. Ganz typisch ist das Setzen der teils durch Pflanzen versteckten Steine. Die Bepflanzung besteht aus: *Riccia fluitans, Eleocharis acicularis, Hemianthus micranthemoides, Eustralis stellata, Mayaca fluviatilis, Ludwigia arcuata* und *Microsorium pteropus*. Tierbesatz: *Rasbora urophthalma* und *Neocaridina spec.*
Bodengrund: Meeressand mit Düngerzusatz. Wasserwerte: pH = 6,8, dGH = 2°, dKH = 2°, T = 26°C. Wasserwechsel: wöchentlich die Hälfte. Beleuchtung: 30 W. Beleuchtungsdauer: 12 Std./Tag. CO_2 = 16 mg/l.
Foto: T. Amano

Ein Becken mit den Ausmaßen von 180 x 60 x 60 Zentimetern (Inhalt: 640 l). Die Steinanordnung stellt eine Felsenlandschaft dar. Trotz seiner Größe ist dieses Aquarium als pflegeleicht einzustufen, weil es nur mit einer Pflanzenart (*Glossostigma elatinoides*) besetzt ist. Tierbesatz: *Hemigrammus hyanuary, Otocinclus affinis, Caridina japaonica.* Bodengrund: Blähton mit Düngerzusatz von 1 mg/l. Wasserwerte: pH = 6,9, dGH = 1°, dKH = 2°, T = 27°C. Wasserwechsel: wöchentlich die Hälfte. Beleuchtung: 4 x 20 W. Beleuchtungsdauer 12 Std./Tag. CO_2 = 15 mg/l. Foto: T. Amano

wasserwechsel bis zur Hälfte. Berücksichtigt muß ferner werden, daß es in Japan allgemein sehr weiches Leitungswasser um 4° dGH gibt. So sind Werte in japanischen Aquarien von 1 bis 4 dGH und 1 bis 3 dKH bei pH-Werten von 6,5 bis 7 die Regel.

Die Wasserwerte, Beleuchtungsintensität und die einzelnen verwendeten Pflanzenarten werden bei den Fotos angegeben.

Etwas besonders Interessantes ist der Einsatz der Schwimmpflanze *Riccia fluitans*. Diese wird hier zur Begrünung von Steinen, Wurzeln und ganzen Flächen verwendet, indem man diese Pflanzen zunächst als Polster auflegt, und dann durch Umwickeln mit Angelschnur oder kunststoffbeschichtetem Blumendraht befestigt. Bei Steinen als Unterlage ist es einfacher, ein Kunststoffnetz

zu verwenden, das unterhalb des Steines zusammengebunden wird. In der Folgezeit wächst das *Riccia* dann bei hoher Beleuchtungsintensität ohne weiteres unter Wasser und verliert teilweise auch seinen Auftrieb. Große Flächen werden mit Riccia begrünt, indem man es auf flachere Steine aufbindet und diese flächig auslegt. Auch andere Pflanzen, wie Javamoos (*Vesicularia dubyana*), Quellmoos (*Fontinalis antipyretica*), Javafarn (*Microsorium pteropus*) und Flußfarn (*Bolbitis heudolottii*) werden als Aufsitzerpflanzen, besonders auf Wurzeln befestigt.

Im Gegensatz zu holländischen Aquarien sind viele der von Amano gestalteten „Naturaquarien" von zwei oder von allen Seiten betrachtbar. Sie brauchen freistehend also keine Rückwandgestaltung.

Ebenfalls pflegeleicht ist dieses 180 x 60 x 60 cm große Aquarium. Es ist nur mit *Riccia fluitans* und *Eleocharis acicularis* bepflanzt. Allerdings ist der Aufwand nicht zu unterschätzen, denn das *Riccia* ist auf viele, flache Steine aufgebunden, und damit ist der gesamte Boden bedeckt. Fischbesatz: *Crossocheilus siamensis.* Bodengrund: reiner Flußkies. Wasserwerte: pH = 6,8, dGH = 1°, dKH = 1°, T = 24°C. Wasserwechsel: wöchentlich die Hälfte. Beleuchtung: 6 x 40 W. Beleuchtungsdauer: 12 Std./Tag. CO_2 = 23 mg/l. Foto: T. Amano

Ist ein solches Aquarium nicht zum Verlieben? Es ist nur 60 x 30 x 36 cm groß und faßt 56 l. Trotz der geringen Größe macht es einen Eindruck großer Tiefe. Das Hauptdekorationsstück ist eine S-förmige Wurzel, auf die *Riccia* aufgebunden ist. Bepflanzung: *Glossostigma elatinoides, Eleocharis acicularis, Riccia fluitans, Saururus cernuus, Micranthemum umbrosum, Didiplis diandra, Eustralis stellata, Rotala macrandra, R. spec., R. wallichii, Potamogeton spec., Crassula helmsii, Limnophila aquatica, Bacopa caroliniana, Heteranthera zosteraefolia, Hemianthus micranthemoides.*
Fischbesatz: *Hemigrammus erythrozonus.*
Bodengrund: grober Meeressand mit Düngerzusatz. Wasserwerte: pH = 6,9, dGH = 4°, dKH = 4°, T = 27°C. Wasserwechsel: wöchentlich die Hälfte. Beleuchtung: 4 x 20 W. Beleuchtungsdauer: 12 Std./Tag. CO_2 = Zerstäuberglas und Blasenzähler (2 Blasen/s). Topf-Außenfilter.   Foto: T. Amano

Diese Komposition im Stil eines japanischen Gartens besticht durch ihre Schlichtheit. Die drei Steine sind nach einer uralten Anweisung zur Gestaltung japanischer Gärten, dem Saku-tei, angeordnet. Man bezeichnet eine solche Gruppe von drei Steinen als Sanzoniwagumi. Bepflanzung: *Marsilea angustifolia, Hemianthus micranthemoides.* – Das *Hemianthus micranthemoides* muß durch häufigen Schnitt in Form gehalten werden. Fischbesatz: *Megalamphodus roseus, Hyphessobrycon amandae.* Bodengrund: grober Meeressand mit Düngerzusatz. Wasserwerte: pH = 7,0, dGH = 3°, dKH = 4°, T = 26°C. Wasserwechsel: wöchentlich die Hälfte. Beleuchtung: 4 x 20 W. Beleuchtungsdauer: 10 Std./Tag. CO_2 = Zerstäuberglas und Blasenzähler (2 Blasen/s). Topf-Außenfilter.   Foto: T. Amano

Dieses Arrangement wird von seinem Gestalter, T. Amano, mit Märchenwald betitelt. Mit seiner Größe von 75 x 45 x 45 Zentimetern und 150 Litern Inhalt zählt es zu den mittleren Aquarien. Bepflanzung: *Glossostigma elatinoides, Riccia fluitans, Echinodorus osiris, E. bleheri, E. martii, Crinum natans* 'Crispus', *Cryptocoryne balansae*. Fischbesatz: *Aplocheilichthys normani*. Bodengrund: grober Meeressand mit Düngerzusatz. Wasserwerte: pH = 6,9, dGH = 3°, dKH = 3°, T = 26°C. Wasserwechsel: alle 10 Tage die Hälfte. Beleuchtung: 6 x 20 W. Beleuchtungsdauer: 10 Std./Tag. CO_2 = Zerstäuber und Reaktor (3 Blasen/s). Topf-Außenfilter. Foto: T. Amano

Takashi Amano benennt sein Aquarien-Layout, „Eine sonnige Wiese". Auch hier handelt es sich um ein pflegeleichtes Aquarium. Beckengröße: 60 x 30 x 36 cm (56 l). Bepflanzung: *Riccia fluitans, Eleocharis acicularis*. Fischbesatz: *Hemigrammus hyanuary*. Bodengrund: Blähton, Dünger = 0,1 mg/l. Wasserwerte: pH = 6,8, dGH = 2°, dKH = 2°, T = 25°C. Wasserwechsel: wöchentlich ein Drittel. Beleuchtung: 4 x 20 W. Beleuchtungsdauer 12 Std./Tag. CO_2 = 16 mg/l. Foto: T. Amano

Ausschnitt aus einem japanischen Aquarium. Bepflanzung: *Glossostigma elatinoides, Eleocharis acicularia, Hydrocotyle verticillata, Ludwigia perennis, L. arcuata, Vesicularia dubyana, Micranthemum umbrosum.* Foto: T. Amano

Ausschnitt aus einem japanischen Aquarium. Bepflanzung: *Glossostigma elatinoides, Riccia fluitans, Nymphaea stellata, Alternanthera reineckii 'Rot', Rotala wallichii, Hemianthus micranthemoides, Bacopa caroliniana, Didiplis diandra, Eustralis stellata, Lagarosiphon madagascariensis.* Fischbesatz: *Paracheirodon innesi.*   Foto: T. Amano

Pflegeleichte Pflanzenaquarien

Holländische und japanische Aquarien sind wunderschön gestaltet und arrangiert. Sie erfordern aber bis auf einige Ausnahmen bei japanischen Becken eine sehr intensive Pflege innerhalb relativ kurzer Zeitabstände. Das ist in erster Linie der Grund, warum solche Becken in Deutschland nie so aussehen wie die Originale.

Machen wir uns nichts vor, das dauernde Einkürzen der Pflanzen ist sehr aufwendig und wird meistens nicht konsequent genug durchgeführt. Deshalb haben viele Aquarianer den Wunsch, ein weniger aufwendiges, aber trotzden schön bepflanztes Aquarium zu besitzen.

Es sind vor allem die Stengelpflanzen, die ständig auf der richtigen Höhe gehalten werden müssen. Grundständige Rosettenpflanzen erreichen eine bestimmte, arttypische Höhe und verändern diese dann nur noch geringfügig. Was liegt also näher, als ein pflegeleichtes Aquarium vorzugsweise mit solchen Pflanzen zu besetzen.

Das ist natürlich durchaus möglich, nur muß ein solches Becken nach und nach gestaltet werden. Wir wissen, daß alle diese Rosettenpflanzen nach dem Umsetzen eine wesentlich längere Zeit zum Anwachsen brauchen, als die Stengelpflanzen. Während der Anwachsphase sind solche Pflanzen aber kaum biologisch wirksam. Deshalb muß man beim Neueinrichten eines Pflanzenaquariums unbedingt mit Stengelpflanzen anfangen, damit es nicht zu unliebsamer Algenbildung in der Anfangsphase kommt.

Durch den fast ausschließlichen Einsatz von *Echinodoren* ist dieses Aquarium weitgehend pflegeleicht. Es fehlen aber attraktive Blickpunkte, z.B. rote Pflanzen.

Ausschnit aus einem gekonnt eingerichteten Aquarium.

Ich möchte vorschlagen, bei der Einrichtung eines pflegeleichten Pflanzenaquariums folgendermaßen vorzugehen:

1. Anfertigen eines Einrichtungsplanes für die endgültige Gestaltung. Für den Vordergrund verwendet man kleine, rasenbildende Rosettenpflanzen, wie *Echinodurus tenellus, E. quadricostatus, Sagittaria subulata, Cryptocoryne parva, Cryptocoryne x willissii* und *Lilaeopsis*-Arten. Ausserdem können auch *Marsilea*-Arten und *Eleocharis acicularis* eingesetzt werden. Mittelhohe und hohe Rosettenpflanzen für die weitere Gestaltung findet man in den Gattungen *Anubias, Echinodorus, Cryptocoryne, Sagittaria, Vallisneria, Samolus, Rorippa* und *Sium*.

2. Einrichten des Aquariums: Einbringen des Bodengrundes mit eventuellen Terrassen, Plazieren der Dekorationselemente, Einfüllen des Wassers, dichtes Bepflanzen mit schnellwüchsigen Stengelpflanzen.

3. Einsetzen von einigen algenfressenden Fischen.

4. Abwarten der Entwicklung für mindestens vier Wochen. Bei positivem Befund können danach jeweils Stengelpflanzen in größeren Zeitabständen durch eine Pflanzengruppe nach Einrichtungsplan ersetzt werden.

5. Der endgültige Fischbesatz erfolgt erst, wenn das Aquarium planmäßig bepflanzt ist. Man sollte die Anzahl der Fische niedriger halten, als in einem mit Stengelpflanzen besetzten Aquarium.

Als pflegearme Aquarien können aber durchaus auch einige japanische „Naturaquarien" gelten. Das sind vor allem solche, die nur mit einer niedrigen, oder relativ niedrigbleibenden Pflanzenart besetzt sind, wie mit *Glossostigma elatinoides, Echinodorus tenellus, Sagittaria subulata var. pusillus* oder *Eleocharis acicularis*. Allerdings müssen diese Arten von Zeit zu Zeit ausgelichtet werden, damit sie nicht zu dicht stehen oder übereinander wachsen und sich so gegenseitig die Lebensbedingungen nehmen. Auch das Javamoos und die Farne sind sehr pflegeleicht.

Welche Fischarten sind für Pflanzenaquarien geeignet?

Insbesondere kleine Fischarten, die nicht wühlen und keine Pflanzen fressen. Das wichtigste ist aber, daß Pflanzenbecken mit Fischen eher unterbesetzt sein sollten.

Besonders vorteilhaft sind Lebendgebärende Zahnkarpfen, von denen zumindest immer einige mit eingesetzt werden sollten. In Pflanzenbecken hat man mit Lebendgebärenden überhaupt keine Probleme. Im Gegenteil, die Pflanzen gedeihen besonders gut beim Besatz mit solchen Fischen. Das ist auch mit darauf zurückzuführen, daß die meisten Arten den ganzen Tag damit beschäftigt sind, Algen von den Pflanzen, Gegenständen und Scheiben abzuweiden. Besonders empfehlen kann ich in dieser Beziehung den Stahlblauen Kärpfling (*Poecilia melanogaster*). Er hat sich während meiner beruflichen Wasserpflanzenpraxis besonders dadurch bewährt, daß er alle Becken algenfrei hielt. Oft habe ich sogar völlig veralgte Pflanzen aus anderen Aquarien abgeschnitten und in ein Becken mit diesen stahlblauen Kärpflingen gelegt. Sie stürzten sich darüber her, und meistens schon nach 2 bis 3 Tagen waren diese Pflanzen völlig algenfrei, wunderschön grün glänzend und konnten verkauft werden.

Viele Aquarianer schätzen Lebendgebärende Zahnkarpfen nur gering. Für sie müssen es unbedingt immer Neuimporte, teure Wildfänge der verschiedensten Aquarienfisch-Gattungen sein. Dabei kann man sich gerade mit Zuchtformen von Lebendgebärenden Zahnkarpfen sehr intensiv und ernsthaft beschäftigen und mit der gezielten Zucht auch zu großen Ehren auf internationalen Ausstellungen kommen. Das betrifft vor allem die verschiedenen Zuchtformen und Farbschläge von Guppys (*Poecilia reticulata*), *Xiphophorus* (*X. helleri, X. maculatus, X. variatus*) und *Mollienesien* (*Poecilia sphenops, P. velifera, P. latipinna*).

Die Siamesische Rüsselbarbe (*Crossocheilus siamensis*) ist als guter Algenfresser bekannt.

Des weiteren können kleine Salmler, wie Neon (*Paracheirodon innesi*) in Schwärmen eingesetzt werden. Salmler sind pflanzenneutral.

Auch kleine Schwärme nicht gründelnde Barbenarten, wie z.B. Zebrabarben (*Brachydanio rerio*) oder Keilfleckbarben (*Rasbora heteromorpha*), sowie kleinere, nicht stark gründelnde Barbenarten, wie Prachtbarben (*Barbus conchonius*) und Sumatrabarben (*Barbus tetrazona tetrazona*) in geringer Stückzahl.

Besonders wohl fühlen sich Labyrinthfische in dichtbepflanzten Aquarien. Große Arten sollte man jedoch sparsam verwenden.

In einem großen Becken können auch ein bis drei Paar Zwergcichliden mit eingesetzt werden. Mehr davon und größere Buntbarsche sind nicht geeignet, denn selbst, wenn sie nicht wühlen, so ist ihr Stoffwechsel doch offensichtlich sehr pflanzenfeindlich. So gedeihen beispielsweise keine Pflanzen, wenn Aquarien mit friedlichen

Rote Neon (*Cheirodon axelrodi)* können in einem größeren Schwarm das Pflanzenaquarium beleben.

Der Schmetterlingsbuntbarsch (*Papiliochromis ramirezi)*, einer der schönsten Zwergcichliden.

Großcichliden, wie mehren Skalaren (*Pterophyllum*-Arten) oder Maronibuntbarschen (*Aequidens maroni*) besetzt sind. Viele der maulbrütenden Malawi-Buntbarsche sind außerdem Pflanzenfresser.

Größere Mengen Welse sind nicht geeignet. Wenige kleine *Corydoras* kann man jedoch als Restevertilger einsetzen.

Einige *Ancistrus* und ähnliche Saugwelse, soweit sie keine Pflanzenfresser sind, können sich unter Umständen durch Abweiden von Algen nützlich machen. Ausgewachsene Exemplare können allerdings besonders *Echinodoren* durch Abraspeln stark schädigen und sollten deshalb dann entfernt werden.

Die wunderschönen neuen *Loricaria*-Arten müssen weitgehend ausscheiden, da viele von ihnen Pflanzen fressen und auch zu groß werden.

Sumatrabarben (*Barbus tetrazona tetrazona*) gehören zu den mittelgroßen Barben. Sie sollten nicht mit Hochzucht-Guppys oder Skalaren zusammengesetzt werden, weil sie deren Schwänze abfressen.

Prachtbarben (*Barbus conchonius*) sind größere Barben und sollten deshalb nur in einem kleinen Schwarm von sechs bis acht Tieren Verwendung finden.

97

Einige Exemplare der kleinen Panzerwels-Arten, wie z.B. *Corydoras julii*, können zur Belebung der Bodenzone eingesetzt werden.

Viele Saugwels-Arten machen sich im Aquarium durch Abweiden der Algen nützlich.

Andere Tiere:

Vorbeugend gegen eine Hydra-, Egel- oder Scheibenwürmer-Plage bewährt sich der Einsatz von einigen Zwergkrallen- fröschen (*Hymenochirus spec.*).

Gegen Algen (Fadenalgen) und zum Fres- sen von Futterresten empfiehlt Takashi Amano die bei uns noch nicht handelsübli- che Yamatonuma-Garnele (*Caridina japo- nica*). Nach bisherigen Erfahrungen muß sie wahrscheinlich in größerer Menge einge- setzt werden, um bei Algen wirksam zu werden.

Ein typisches Salmlerbecken mit Neon (*Paracheirodon innesi*).

Der Metallkärpfling
(*Girardinus metallicus*)
ist eine Wildform.

Der Stahlblaue Kärpfling
(*Poecilia melanogaster*) ist eine farblich
recht ansprechende Wildform unter den
Lebendgebärenden Zahnkarpfen.
Ich kann ihn nur bestens als Algenfresser
empfehlen.

Segelkärpflinge (*Poecilia velifera*)
sind gute Algenfresser
und durch ihre Schönheit
eine wirkliche Bereicherung
für jedes Pflanzenaquarium.

Gefleckte Kreuzung
zwischen *Poecilia velifera*
und *Poecilia latipinna.*
Es sind auch gezielte Kreuzungen
zwischen diesen beiden Arten
und *P. sphenops* (z.B. Blackmolly) möglich.

Von den Segelkärpflingen
(*Poecilia velifere*)
gibt es viele schönfarbige Zuchtformen,
hier eine schwarze.

Ein schwarzes
Schwertfisch-Männchen
(Homburger Kreuzung)
und ein hochflossiges,
ziegelrotes Weibchen
(Simpson-Schwertfisch, rot).

Die Zucht von Schwertfischen
(*Xiphophorus helleri*)
mit ihren vielen Form- und Farbvarianten ist
unter Kennern eine Wissenschaft für sich:
Die relativ unscheinbaren
gelben Schwertfische werden gebraucht,
um beim Einkreuzen die roten Formen
farblich zu verbessern.

Diese Zuchtform
nennt man Gelber Tuxedo-Platy.

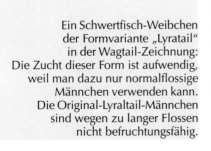

Ein Schwertfisch-Weibchen
der Formvariante „Lyratail"
in der Wagtail-Zeichnung:
Die Zucht dieser Form ist aufwendig,
weil man dazu nur normalflossige
Männchen verwenden kann.
Die Original-Lyraltail-Männchen
sind wegen zu langer Flossen
nicht befruchtungsfähig.

Da sich Schwertfische mit Platys
(*Xiphophorus maculatus*) kreuzen lassen,
gibt es diese Gattung
der Lebendgebärenden Zahnkarpfen
in denselben Form- und Farbvarianten.
Hier ein roter Wagtail-Platy.

Den Schwertfischen und Platys
verwandtschaftlich auch sehr nahestehend
ist der Papageienkärpling
(*Xiphophorus variatus*).
das Foto zeigt eine der Wildform ähnliche
blaue Zuchtform.

Durch Einkreuzen
von hochflossigen Schwertfischen
in *X. variatus* entstehen
solche wunderschönen Delta-Platys.

Notwendige Pflegemaßnahmen

Die notwendigsten Pflegemaßnahmen wurden größtenteils schon in den vorangegangenen Kapiteln angeführt. Ich will sie an dieser Stelle nochmals zusammenfassen:

Die Wasserverhältnisse in einem „eingelaufenen" Pflanzenaquarium sind meistens sehr stabil.

Pflegemaßnahmen, die nach Bedarf durchgeführt werden müssen:

– Absaugen von Fischkot, Futterresten und abgestorbenen Pflanzenteilen.

– Auslichten von Ausläufer- und Kriechtriebbildenden Pflanzen, wie z.B. Zwerg schwertpflanzen, *Sagittarien*, *Cryptocorynen*, *Hydrocotyle* und *Vallisnerien*, damit sie nicht zu dicht stehen und dann nicht genug Licht erhalten. Außerdem müssen solche Pflanzen an ungewollter Ausbreitung gehindert werden.

– Einkürzen von Stengelpflanzen, indem man sie herauszieht und am unteren Ende mit einem scharfen Messer auf die gewünschte Länge schneidet. Das Abkneifen und Abschneiden mit einer Schere verursacht Quetschstellen, die bei manchen Pflanzen in der Folge zu Fäulnis führen können.

– Alte, meist äußere Blätter bei Rosettenpflanzen müssen ebenso wie andere abgestorbene Blätter entfernt werden.

– Eventuelle Schwimmpflanzen sind durch Entnahme in ihrer Ausbreitung zu begrenzen.

– Schwimmblätter von Nuphar- und Nymphaea-Arten müssen entfernt werden.

– Herausfangen von eventuell sich zu reichlich vermehrten Lebendgebärenden.

– Absammeln von pflanzenschädigenden Schnecken, z.B. Posthornschnecken u.a. Nur Apfelschnecken machen keinen Schaden und sind durch Entfernen der über Wasser befindlichen Gelege leicht in Grenzen zu halten.

– Überprüfen des Bodengrundes. Schwarzer, faulender und übelriechender Bodengrund muß sofort gewechselt werden.

Regelmäßig muß folgendes durchgeführt werden:

– Sehr sparsames Füttern der Fische, nicht lebendes Futter muß in etwa 2 Minuten gefressen sein, Futterreste dürfen nicht übrig bleiben. Tägliches zweimaliges Füttern ist für ältere Fische ausreichend.

– Reinigen des Filters. Dabei sollte man einen Teil des alten Substrats nicht reinigen, damit die Filterbakterien erhalten bleiben.

– Wöchentlicher Wasserwechsel und eventuelles Nachdüngen nach Gebrauchsanweisung und entsprechend der gewechselten Wassermenge.

– Düngen mit CO_2.

– Eventuell notwendiges Messen von pH-Wert und Wasserhärte, Nitrit- und Nitratwerten.

- Auswechseln der Leuchtstofflampen möglichst nach einem halben Jahr, spätestens nach einem Jahr. Die Lampen nicht auf einmal, sondern in größeren Zeitabständen wechseln.

Mängel beim Pflanzenwuchs –
Ursachen und deren Beseitigung

Durch gutes Beobachten der Pflanzen kann ein erfahrener Aquarianer viele Probleme beim Pflanzenwuchs feststellen und entsprechende Gegenmaßnahmen ergreifen. Gleiche Schadbilder können jedoch verschiedene Ursachen haben. Es ist dann zu überprüfen, woran es liegen könnte, welche Kulturfehler eventuell gemacht wurden?

Änderungen treten manchmal sehr langsam ein, und die Ursachen werden dann oft übersehen. Ganz typisch sind Beleuchtungsprobleme durch zu alte Lampen. Das Nachlassen der Beleuchtungsintensität wird mit unseren Augen nicht festgestellt, deshalb sollte man sich genau aufschreiben, wann welche Leuchtstoffröhre ausgewechselt werden muß. Es ist – wie bereits erwähnt – günstig, nicht alle Leuchtstoffröhren auf einmal, sondern sie nacheinander auszuwechseln.

Prinzipiell sollte man sich bei Pflanzen immer in Geduld fassen: Nichts von heute auf morgen erwarten und niemals Pflanzen zu häufig umpflanzen, denn das stört sie empfindlich. Nach jedem Umpflanzen müssen neue Wurzeln gebildet werden. Deshalb sollten Stengelpflanzen möglichst sechs Wochen ungestört bleiben und Rosettenpflanzen, wie *Echinodoren*, mindestens sechs Monate. Die langsam wachsenden *Cryptocorynen* reagieren noch empfindlicher auf Umpflanzen. Hier sollte man etwa ein Jahr warten.

Auch Fischheilmittel sind meistens nicht pflanzenfreundlich. Im Gegenteil, sie sind oft die Ursache für Verschlechterung des Pflanzenwuchses bzw. für das Zusammenbrechen der Pflanzen.

Cryptocorynen-Krankheit

Manche *Cryptocorynen*-Arten reagieren sehr empfindlich auf Kulturveränderungen, wie Umsetzen, Lichtveränderungen (Lampenwechsel, Entfernen von Schwimmpflanzen) oder chemischen Wasserveränderungen durch Frischwassergabe nach zu langer Zeit, durch Düngung, durch Gabe eines Algenmittels oder durch Verabreichen eines Fischheilmittels. Auch durch kurzzeitige Unterkühlung kommt es leicht zur sogenannten **Crytocorynenfäule**, die auch als **Cryptocorynen-Krankheit** bezeichnet wird.

Dabei handelt es sich um einen meist schnellen Zerfall der Blätter, wobei die Pflanzen völlig absterben. Meistens bleiben jedoch die Wurzeln erhalten, so daß die Hoffnung besteht, daß diese nach geraumer Zeit wieder austreiben.

Man sollte bei *Cryptocorynen* unbedingt abrupte Millieuveränderungen vermeiden.

Jeder lange hinausgezögerte und dann zu große Wasserwechsel kann die Ursache für die Cryptocorynen-Fäule sein.

In jüngster Zeit vermutet man, daß eine Ursache für die Cryptocorynen-Fäule auch darin besteht, daß verschiedene Pflanzen, *Cryptocorynen* und auch *Limnophila*- und *Rotala*-Arten Ammonium im Gewebe speichern. Bei einer pH-Wert-Verschiebung in den alkalischen Bereich wandelt sich das Ammonium in Amoniak um, wodurch sich die Pflanzen innerlich vergiften und zerfallen. Eine solche pH-Wert-Verschiebung kann durch Verbesserung der Lichtverhältnisse eintreten: Dadurch wachsen die Pflanzen besser und benötigen mehr CO_2, das oft nicht vorhanden ist. In der Folge steigt der pH-Wert und Ammonium wandelt sich in Amoniak um (siehe auch Seite 16).

Tabellarische Übersicht von Pflanzenschädigungen

Schäden	Ursache	Beseitigung
Pflanzen wachsen dünnstenglig und kleinblättrig. Blattabstände (Internodien) sind groß. Nur die Blätter an der Wasseroberfläche sind größer.	Zu wenig Licht.	Mehr Leuchtstofflampen einsetzen. Alte Leuchtstofflampen erneuern. Eventuell Becken zu hoch, dann HQL-Beleuchtung.
Stengelpflanzen werfen die unteren Blätter ab, sie sind kahlstenglig.	Zu geringe Lichtintensität, Pflanzen stehen zu dicht.	Mehr Leuchtstofflampen einsetzen. Alte Leuchtstofflampen erneuern. Eventuell Becken zu hoch, dann HQL-Beleuchtung. Pflanzen unten kürzen und neu einsetzen, dabei Pflanzenabstand vergrößern.
Pflanzen wachsen nicht, obwohl genügend Licht vorhanden ist.	Eventuell alkalischer pH-Wert über pH 7,5.	pH-Wert prüfen! Wasserwechsel. Bei schlechten Ausgangswerten pH-Wert durch Torffilterung senken oder CO_2-Düngung einsetzen.
Besonders neue Blätter haben gelbe Mittelnerven und wachsen schlecht.	Eisenmangel.	Eisendünger nach Vorschrift geben.
Blätter sehen gelblich aus, Blattadern sind aber grün.	Manganmangel.	Wasserwechsel, eventuell Wasserpflanzendünger zugeben.
Blattschäden durch braune Flecken und braune Ränder, schon an neuen Blättern.	Kaliummangel oder faulender Bodengrund	Bodengrund überprüfen, falls übelriechend erneuern.
Zerfall von *Cryptocoryne*blättern	Cryptocorynen-Krankheit	siehe Seite 104
Kalkablagerungen auf den Pflanzen, nur geringes Wachstum	Bikorbonat-assimilation, CO_2-Mangel, zu hoher pH-Wert.	ph-Wert prüfen, Wasserwechsel, eventuell zu starke Durchlüftung, pH-Wert durch Torffilterung senken, CO_2-Gerät einsetzen.
Pflanzenblätter haben runde Löcher.	Schneckenfraß.	Schnecken ablesen, Schneckenlaich entfernen.
Blätter sind offensichtlich zerfressen, oft stehen nur noch die Mittelrippen	Pflanzenfressende Fische, auch z.B. große Ancistrus.	Pflanzenhaltiges Trockenfutter, Salat- oder Spinatblätter, auch Feinfrostspinat füttern. Falls das nichts hilft, Fische entfernen.

Probleme mit Algen

Wo biologisch einwandfreies Wasser und Licht vorhanden sind, da wird es meistens auch Algen geben, so auch im Aquarium. Grünalgen sieht man allgemein als einen Ausdruck guter Wasserverhältnisse an. Wenn Algen aber überhandnehmen, dann werden sie oft zum Problem.

Es gibt Hunderte von Algenarten und nur ganz wenige Spezialisten, die sie genau kennen. Aquarianer unterscheiden grob in Braun- oder Kieselalgen, Grün- und Fadenalgen, Blau- oder Schmieralgen, Pinselalgen und Algenblüte.

Oberstes Gebot heißt: „Wehret den Anfängen!" Sind Algen erst einmal massenweise vorhanden, so wird man sie nur sehr schwer wieder los. Zwar brechen auch alle Algen eines Tages von selbst zusammen, aber das kann so lange dauern, daß diese Geduldsprobe alle Maße überschreitet.

Braun- oder Kieselalgen wird man bei der angegebenen Beleuchtung kaum finden. Sie sind immer ein Zeichen von zu wenig Licht. Ich kann mich aber noch an die Zeiten erinnern, als meine Aquarien mit Glühlampen beleuchtet wurden. Damals konnte man beinahe alle Arten von Algen darin finden: Unmittelbar in der Nähe der Glühlampe Blaualgen, etwas weiter weg Grün- und Fadenalgen und da, wo das Licht sehr schwach war, Braunalgen.

Algen gehören zu den niederen Pflanzen. Im Aquarium muß man sie sich als eine Konkurrenz zu den höheren, den Aquarienpflanzen vorstellen. Wenn die Aquarienpflanzen gut wachsen, hat man meistens kaum Probleme mit Algen. Aquarienpflanzen sind aber nicht in der Lage, mit Nährstoffüberschüssen im Aquarium fertig zu werden. In diesem Fall treten die Algen auf den Plan. Sie wachsen wesentlich schneller, brauchen keine Anwachsphase und schaffen es in der Natur, völlig mit Nährstoffen überlastete Gewässer, in denen alles Leben gefährdet ist, wieder in biologisch gesunde umzuwandeln.

Immer, wenn im Aquarium ein Nährstoffüberschuß, besonders an Nitraten und Phosphaten vorhanden ist, muß man mit einer explosionsartigen Vermehrung der Algen rechnen. Nährstoffüberschüsse treten im Aquarium auf:

- wenn in der Anfangsphase zu wenig schnellwachsende Aquarienpflanzen vorhanden sind.
- wenn der Bodengrund zu nährstoffreich ist oder schon zu Anfang Pflanzendünger verabreicht wurden.
- wenn in der Anfangsphase schon viele Fische eingesetzt wurden.
- wenn sich zu viele Fische im Aquarium befinden.
- wenn die Fische zu reichlich gefüttert werden.
- wenn im Aquarium große Buntbarsche vorhanden sind.
- wenn zu wenig oder kein regelmäßiger Wasserwechsel vorgenommen wird.

Besonders gefährdet ist immer ein neueingerichtetes Aquarium. Meistens treten zuerst alle möglichen Arten von Algen auf, vor allem die Algenblüte, Grün-, Blau- und Schmieralgen.

Es ist zu empfehlen, beim Neueinrichten eines Aquariums sehr viele schnellwachsende Stengelpflanzen einzusetzen. Mit einer sehr dichten Bepflanzung nach holländischer Art bleibt eine Anfangsveralgung meistens aus. Die langsam wachsenden Rosettenpflanzen, wie *Echinodorus*-Arten, *Cryptocoryne*-Arten, *Anubias*-Arten u.a. brauchen zu lange, um anzuwachsen und dann biologisch wirksam zu werden. Sie werden am besten erst später eingepflanzt, wenn das Aquarium die Einlaufphase überstanden hat. Dagegen ist es am Anfang sehr günstig, einige Schwimmpflanzen, wie *Riccia, Ceratopteris, Salvinia, Pistia* oder auch *Ceratophyllum* auf der Wasseroberfläche treiben zu lassen. Diese sind sofort in der Lage, als Nährstoffzehrer funktionswirksam zu werden.

Außerdem sollte man anfangs nur einige algenfressende Fische einsetzen und diese nicht füttern.

Chemische Mittel helfen wenig, die Algen kommen wieder, wenn die Ursache nicht beseitigt wurde. Außerdem schädigen diese Mittel meistens auch die Aquarienpflanzen.

Gegen die **Algenblüte** setzt man nach einem großen Teilwasserwechsel am besten eine größere Menge lebender Daphnien ein, die sich von diesen Algen ernähren.

Grünalgen sind nur gefährlich, wenn sie sich auf die Pflanzen setzen, an den Scheiben kann man sie abkratzen.

Fadenalgen sollten mechanisch, eventuell durch Aufwickeln auf ein rauhes Holzstäbchen beseitigt werden. T. Amano empfiehlt gegen Fadenalgen den Besatz mit Yamatonuma-Garnelen (*Caridina japonica*). Diese Garnelenart frißt gerne Fadenalgen. Sie ist aber nur erfolgreich, wenn eine größere Menge von Tieren eingesetzt wird.

Blau- und **Schmieralgen** sind am besten abzusaugen. Dauernde Störung mögen diese Arten gar nicht. Deshalb verschwinden sie oft auch durch das Einsetzen von Apfelschnecken.

Sehr hartnäckig sind **Pinselalgen**. Meistens sitzen sie jedoch nur an langsamwachsenden Pflanzen, wie *Anubias* und dort an alten Blättern.

Solange die Pinselalgen noch nicht zu sehr verbreitet sind, sollten diese Blätter am besten entfernt werden.

Die Bekämpfung von Algen ist oft sehr langwierig, und es gibt sehr viele Rezepte:

1. Man kann das mit Algen befallene Aquarium abdunkeln, d.h., das Licht für viele Tage ausschalten. Sicher überleben das die Algen nicht, aber leider werden das auch die meisten Aquarienpflanzen nicht vertragen.

2. Herausfangen aller Tiere und kurzzeitiges Absenken des pH-Wertes auf auf pH3. Einen sauren pH-Wert vertragen Algen nicht. Nach Absterben der Algen Wasser wechseln.

3. Nach Herausfangen der Tiere wird Kupfersulfat zugegeben. Die Dosierung ist jedoch sehr kritisch, denn es schädigt auch die Pflanzen. Das Risiko ist sehr groß, deshalb ist diese Methode nicht zu empfehlen.

4. Nach meinen Erfahrungen kann das Einbringen von etwas Roggen- oder Gerstenstroh (eine Handvoll in einem kleinen Nylonsack) sehr hilfreich sein. Die Algen brechen meistens schon nach einigen Tagen völlig zusammen und müssen dann sofort abgesaugt werden, um einen eventuellen Sauerstoffmangel infolge von Fäulnis zu vermeiden.

5. Das Bekämpfen der Ursache, nämlich das Entfernen der im Überfluß vorhandenen Nährstoffe in Form von Nitraten und Phosphaten. Dazu ist über lange Zeit ein täglicher Teilwasserwechsel von einem Drittel bis zur Hälfte notwendig. – Sinnlos ist ein Wasserwechsel von Zeit zu Zeit, dann kommen die Algen immer wieder.

Oft wird eine übertriebene Vorsicht vor dem Einschleppen von Algen empfohlen. Z.B. durch algenbesetzte Pflanzen und durch Fische, die eventuell Algensporen in ihren Kiemen transportieren.

Algenbesetzte Pflanzen sollten natürlich nicht verwendet werden. Allerdings wachsen Algen nur, wenn die Bedingungen für sie günstig sind. Ist das nicht der Fall, so wäre selbst ein Zuchtversuch mit Algen vergeblich. In einem gut funktionierenden Pflanzenaquarium haben Algen keine Chance.

Ausschnitt aus einem Ährenfischaquarium.

Aquarienausschnitt *mit E. tenellus* im Vordergrund.

Aquarienpflanzen-Lexikon

Besonders Aquarienpflanzen sollte der Aquarianer mit ihrem wissenschaftlichen Namen bezeichnen, um Irrtümer zu vermeiden. Nur wissenschaftliche Namen haben internationale Gültigkeit, die deutschen Namen sind dagegen oft nicht eindeutig.

Leider ändern sich auch die wissenschaftlichen Namen von Zeit zu Zeit, so daß man sich innerhalb einiger Jahre oft an neue Bezeichnungen gewöhnen muß.

In der Folge werden die bekanntesten Aquarienpflanzen-Gattungen und -Arten, die sich in der Aquaristik bewährt haben, mit den derzeit gültigen wissenschaftlichen Namen in alphabetischer Reihenfolge vorgestellt. Da ich kein Botaniker bin, kann ich mir keine eigene Meinung zur Nomenklatur bilden, deshalb versuche ich den letzten Veröffentlichungen von C. Kasselmann zu folgen.

Alternanthera-Arten (Papageienblatt-Arten)

Alternanthera sind kreuzgegenständige Stengelpflanzen. Die meisten, der früher als eigene Arten angeführten Pflanzen, bezeichnet man heute als Formen von *A. reineckii*. Viele sind bei ausreichend Licht rötlich gefärbt. *Althernanthera*-Arten und -Formen sind im Aquarium ein Indikator für ausreichendes Licht. Ist das Licht ungenügend, so vergrünen sie und gehen kurze Zeit später ein.

Heimat:	Südamerika
Lichtbedarf:	hoch bis sehr hoch
Temperatur:	22–28°C
Wachstum:	mittel bis schnell
Vermehrung:	Stecklinge

Alternanthera reineckii (Kleines Papageienblatt)

Im Vergleich zu den nachfolgenden Formen relativ kleinblättrige Art, die bei ausreichend Licht oberseits rötliche bis rote Blätter ausbildet. Sie ist im Vergleich zu den Formen weniger dekorativ.

Alternanthera reineckii in der Sumpfform im Gewächshaus. Emers ist sie grün, kleinblättrig mit weißlichen Blütenständen in den Blattachseln.

109

Alternanthera reineckii 'Grün' – diese grüne Form mit gewellten Blatträndern wird relativ wenig gepflegt.

Alternanthera reineckii 'Rot' bildet stets einen Blickfang im Aquarium.

Alternanthera reineckii 'Grün'

Im Habitus ähnlich wie *A. reineckii* 'Rosaefolia', aber grün gefärbt.

Alternanthera reineckii 'Lilacina'

Mit oberseits olivgrünen, unterseits roten Blättern. CO_2- und öftere Eisen-Düngung sind angebracht.

Alternanthera reineckii 'Rosaefolia'

Sie besitzt rosafarbene Blätter und ist im Vergleich zu den anderen *Alternanthera*-Arten relativ anspruchslos.

Alternanthera reineckii 'Rot'

Zweifellos die schönste und auch gut wachsende *A*. CO_2- und Eisen-Düngung sowie nährstoffreicher Bodengrund sind günstig.

Alternanthera sessilis

Violettrote Art, die unter Wasser allerdings schlecht wächst. Gewöhnlich hält sie etwa ein halbes Jahr aus, dann sollte man sie wieder emers pflegen, bzw. durch neue, emers gepflegte Pflanzen ersetzen. Sehr viel Licht und CO_2-Düngung sind vorteilhaft.

Alternanthera reineckii 'Lilacina'.

Alternanthera sessilis.

Ammania-Arten

Kreuzgegenständige Stengelpflanzen mit elliptischen bis lanzettartigen Blättern.

Heimat:	Westküste des tropischen Afrika
Lichtbedarf:	sehr hoch
Temperatur:	22–28°C
Wachstum:	mittel bis schnell
Vermehrung:	Stecklinge (Samen)

Ammania gracilis
(Große Kognakpflanze)

Durch ihre Braunfärbung bildet sie schöne Kontraste zu grünen Pflanzen. CO_2-Düngung und nährstoffreicher Bodengrund sind empfehlenswert.

Die große Kognakpflanze (*Ammannia gracilis*) ist auch eine Farbkontrastpflanze.

Ammannia senegelensis
(Afrikanische oder Grüne Ammanie, Kleine Kognakpflanze)

Ähnlich der vorherigen Art, mit gleichen Pflegebedingungen.

Anubias-Arten (Speerblatt-Arten)

Kleine bis mittelgroße, rhizombildende Staudenpflanzen mit kriechender, stark gestauchter Sproßachse. Sumpfpflanzen, mit derben, dunkelgrünen Blättern, die bevorzugt am Ufer von Bächen wachsen und nur kurzzeitig völlig überflutet werden. Von den bekannten Arten wachsen nur die Varietäten von *A. barteri* zufriedenstellend unter Wasser. Große *Anubias*-Arten findet man z.B. in Singapur als flächendeckende Bepflanzung in Parks.
Anubias sind bei Aquarianern sehr begehrt, denn sie werden wegen ihrer ledrigen Blätter kaum von Buntbarschen gefressen, und ihr Lichtbedatf ist gering.

Heimat:	Tropisches Westafrika
Lichtbedarf:	gering bis mäßig
Temperatur:	22–28°C
Wachstum:	langsam bis sehr langsam
Vermehrung:	Abtrennen von Seitensprossen, Rhizomteilung, Samen (siehe Seite 32)

Anubias-Anzucht im Gewächshaus.

Anubias afzelii.

Anubias afzelii (Kongo-Speerblatt)

30 bis 60 cm große, kräftige Sumpfpflanze mit langgestielten, lanzettenartigen-eiförmigen bis elliptischen Blättern. Wird im Aquarium etwa 20 bis 30 cm hoch.

Anubias gracilis.

Anubias gracilis (Zierliche Anubias)

Hat langgestielte, pfeilförmige Blätter und wird im Aquarium 20–30 cm hoch.

Anubias lanceolata (Schmalbättrige, große Anubias)

Mit langgestielten, langen und schmalen, spitzzulaufenden Blättern. Wird 30–60 cm hoch.

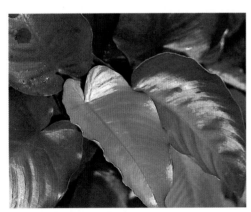

Anubias barteri var. barteri.

Anubias barteri var. barteri (Breitblättriges Speerblatt)

Wie schon der deutsche Name sagt, mit breiten, ovalen, an der Basis mehr oder weniger herzförmigen Blättern.

Anubias barteri var. nana (Zwergspeerblatt)

Gut unter Wasser wachsende Art mit langem Rhizom, das man an Steinen oder Wurzeln festbindet. Wuchshöhe 8–12 cm.

Anubias barteri var. nana.

112

Aponogeton-Arten
(Wasserähren-Arten)

Diese Rosettenpflanzen gehören zu den dekorativsten Solitärpflanzen im Aquarium. Die aquaristischen Arten sind echte Wasserpflanzen (Unterwasserpflanzen) mit Knollen oder Rhizomen. Einige bilden zusätzlich Schwimmblätter. Die *Aponogeton* blühen über Wasser. Sie bilden je nach Art ein- bis mehrährige Blütenstände. In der Natur wachsen sie oft in nur periodisch wasserführenden Gewässern und überdauern das Austrocknen der Gewässer durch ihre Knollen und Rhizome. Diese Ruhezeit behalten sie auch im Aquarium bei. Danach treiben sie dann wieder aus. Aponogeton-Arten werden meistens als Knollen importiert. Mit der Samenvermehrung (siehe Seite 34) beschäftigen sich vor allem Aquarianer. Viele der Aponogetonknollen treiben im Aquarium nur ein- bis zweimal aus und haben sich dann verbraucht. Ganz typisch dafür ist die begehrteste *Aponogeton*-Art *A. madagascariensis* (Gitterpflanze).

Durch die dunkelgrünen, breiten und genoppten Blätter ist *Aponogeton bovinianus* eine besonders attraktive Solitärpflanze.

Heimat:	Afrika, Madagaskar, Südostasien, Nord- und Ostaustralien
Lichtbedarf:	mittel bis gering
Temperatur:	20–28°C
Wachstum:	Beim Austreiben aus der Knolle schnell, ansonsten mittelmäßig
Vermehrung:	Selten durch Abtrennen von Seitentrieben und Teilen von Rhizomen möglich, sicherer durch Samen (siehe Seite 34) *A. undulatus* bildet Adventivpflanzen aus.

Aponogeton boivinianus
(Große, genoppte Wasserähre)

Mit langen, dunkelgrünen und stark genoppten Blättern. Wuchshöhe etwa 60 cm. Die Art wächst gut, verbraucht aber offensichtlich die Reservestoffe ihrer Knolle sehr schnell und geht dann ein. Es ist möglich, große Mengen von Sämlingen zu erzielen, deren Aufzucht gelang jedoch bisher nur in wenigen Exemplaren.

Blütenstand von *Aponogeton crispus.*

Aponogeton eberhardii
(Eberhards Wasserähre)

In der Vermehrung über Samen ist diese Art ähnlich unkompliziert wie die vorherige, jedoch bringt sie weniger ausgereifte Samen hervor.

Man sollte sie so pflanzen, daß sie ausreichend Licht bekommt, sonst werden lange, flutende Blätter an der Wasseroberfläche ausgebildet.

Aponogeton longiplumolosus
(Madagassische Wasserähre)

Mit 50–60 cm Wuchshöhe eine anspruchslose Pflanze für hohe Aquarien. Ihre Blätter sind hellgrün, bis 35 cm lang, 1,5 cm breit und stark gewellt.

Aponogeton madagascariensis
(Gitterpflanze)

Es handelt sich hier um eine wohl einmalige Pflanze, bei der nur die gitterartigen Blattnerven ausgebildet sind, während das Blattgewebe völlig fehlt. Gitterpflanzen sind sehr

Aponogeton crispus
(Krause Wasserähre)

Häufigste aquaristische Art mit gestielten, schmalen und am Rande gekräuselten Blättern, die meistens keine ausgeprägte Ruhephase hat und dauernd in Vegetation bleibt. Sie bildet im Aquarium oft von selbst Samen aus, die dann ausfallen, keimen und manchmal auch groß werden.

Das Aussehen von *A. crispus*-Sämlingen und -Pflanzen kann sehr variieren.

Aponogeton crispus „Kompakt"

Eine bei der Firma Barth, Dessau entstandene Mutante, die sehr dekorativ ist und durch ihre breiten, kurzen Blätter eine schöne Solitärpflanze darstellt.

Schmalblättrige Form von *Aponogeton madagascariensis.*

begehrt bei Aquarianern, deshalb werden sie seit Jahrzehnten ständig importiert, um anschließend totgepflegt zu werden. Es hat sich inzwischen gezeigt, daß das Faulen der Knollen vermieden werden kann, indem man sie nicht einpflanzt, sondern auf den Aquarienkies auflegt, wo sie sich dann selbst einwurzelt. Trotzdem übersteht die Pflanze meistens nur eine Vegetationsperiode, denn sie ist für Aquarienkultur denkbar schlecht geeignet. Man hatte früher in botanischen Gärten Erfolge, indem man sie dunkel und kühl in Eichenfässern hälterte. Es scheint tatsächlich wichtig zu sein, sie bei sehr geringer Lichtintensität und etwa 16°C zu halten.

Unterdessen unterscheidet man drei Wuchsformen dieser Art:

– Die am längsten bekannte, sehr breitblättrige und grob gegitterte Form, die am wenigsten geeignet ist,
– eine schmalblättrige und enggegitterte Form
– und eine langblättrige Form mit grober Gitterung.

Die letzte Form scheint am besten geeignet zu sein. Sie konnte im Gewächshaus schon zufriedenstellend vermehrt werden.

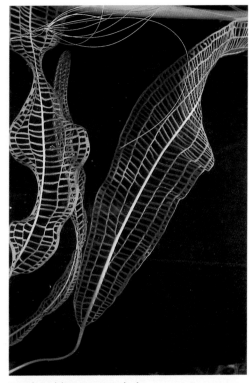

Die breitblättrige Wuchsform von *Aponogeton madagascariensis* ist die heikelste Wuchsform dieser Art.

Aponogeton rigidifolius (Steifblättrige oder Lederblättrige Wasserähre)

Ähnelt durch ihre festen ledrigen und dunkelgrünen Blätter einer *Cryptocoryne*. Wird etwa 50 cm hoch und ist nach etwas schwieriger Anwachsphase unproblematisch.

Aponogeton rigidifolius.

115

Blüte von *Aponogeton ulvaceus*.

Aponogeton ulvaceus eignet sich wegen ihrer Größe und ihres ins Auge stechenden Aussehens als Solitärpflanze.

Aponogeton ulvaceus
(Ulvablättrige Wasserähre)

Sehr stattliche Pflanze mit langgestielten, breiten, gedrehten und gewellten Blättern. Wuchshöhe 50–70 cm, deshalb nur für hohe Aquarien. Von den madagassischen Arten ist sie die am besten für die aquaristische Kultur geeignete.

Es gibt eine Form von *A. ulvaceus*, die keine Blütenähren, sondern Adventivpflanzen ausbildet und sich dadurch unproblematisch vegetativ vermehren läßt.

Aponogeton undulatus
(Gewelltblättrige Wasserähre)

Die Art hat bräunliche, an der Wasseroberfläche flutende Blätter mit einzelnen transparenten Feldern. Es existieren offensichtlich mehrere Wuchsformen, die aber alle „lebendgebärend" sind, das heißt, statt Blütenähren Adventivpflanzen ausbilden.

Aponogeton undulatus läßt sich problemlos durch Adventivpflanzen vermehren.

Bacopa-Arten (Fettblatt-Arten)

Von den etwa 100 Arten werden nur wenige in der Aquaristik verwendet, aber nur zwei sind wirklich zu empfehlen.

Bacopa caroliniana (Großes Fettblatt)

Kreuzgegenständige Stengelpflanze mit hellgrünen, bei sehr viel Licht rötlich angehauchten, rundlichen Blättern und recht kurzen Internodien.

Heimat:	Südliches Nordamerika
Lichtbedarf:	hoch
Temperatur:	18–26°C
Wachstum:	mittelschnell
Vermehrung:	Stecklinge

Bacopa monnieri (Kleines Fettblatt)

Kreuzgegenständige Stengelpflanze mit eiförmigen, fleischigen, mittelgrünen Blättern und längeren Internodien.

Heimat:	tropische und subtropische Gebiete
Lichtbedarf:	hoch
Temperatur:	18–26°C
Wachstum:	mittelschnell
Vermehrung:	Stecklinge

Bacopa caroliniana ist nach kurzer Eingewöhnungszeit eine gut wachsende Pflanze.

Bacopa monnieri.

Barclaya longifolia (Barclaya)

Anspruchsvolle Rosettenpflanzen mit zarten, langen, gewellten und spitz zulaufenden Blättern, von hellgrüner, rötlicher bis roter Farbe. Sehr dekorative, 20–35 cm hohe Solitärpflanze.
Sie wächst nicht gut. Teils wird weiches Wasser für die Kultur empfohlen. Das kann ich nicht bestätigen, denn ich habe sie lange Zeit bei einer dGH von von 35° bis 45° gehalten. Sie braucht allerdings, wie auch andere Pflanzen aus der Familie *Nympheaceae*, ausreichend Nährstoffe im Bodengrund.

Heimat:	südostasiatisches Festland
Lichtbedarf:	mittel bis hoch
Temperatur:	22–26°C
Wachstum:	bei ihr zusagenden Verhältnissen gut
Vermehrung:	Ableger, Samen

Barclaya longifolia

Blyxa auberti.

Blyxa aubertii (Auberts Fadenkraut)

Sehr zerbrechliche, einjährige Pflanze mit je nach Lichtangebot hellgrünen bis rötlich angehauchten, spitzzulaufenden, bis etwa 60 cm langen, bandförmigen Blättern an stark gestauchter Sproßachse.

Heimat:	besonders in Asien weitverbreitet, da in Reisfeldern vorkommend, aber auch in Australien, Neuguinea und Madagaskar.
Lichtbedarf:	sehr hoch
Temperatur:	22–28°C
Wachstum:	gering
Vermehrung:	Seitentriebe

Eine andere, etwas kleinere *Blyxa*-Art ist *B. japonica.*

Bolbitis heudelotii
(Afrikanischer Flußfarn)

Derbblättriger, dunkelgrüner Farn mit krie-chendem Rhizom. Er liebt Wasserströmung und sollte deshalb am besten in den Filter-strom gesetzt werden. Die Pflanzen werden nicht eingepflanzt, sondern an Steinen oder Wurzeln angebunden.

Heimat:	tropisches Afrika
Lichtbedarf:	gering
Wachstum:	langsam
Vermehrung:	Rhizomteilung - nicht zu kleine Stücke, sonst Total-verlust

Bolbitis heudelottii.

Cabomba-Arten
(Haarnix-Arten)

Cabomba sind kreuzgegenständige Sten-gelpflanzen mit fächerartigen, feinge-fiederten Blättern.

Bei *Cabomba*-Arten bestehen heute eigen-artigerweise im Vergleich zu früher, als man Glühlampen für die Beleuchtung verwen-dete, große Kulturschwierigkeiten. Deshalb sollte man es mit einem hohen Rotlichtan-teil versuchen. Außerdem ist weiches und leicht saures Wasser vorteilhaft. Trotzdem gibt es außerordentlich schwer zu kultivie-rende Arten.

Außer den angeführten werden manchmal angeboten: *C. aquatica, C. australis, C. palaeoformis, C. pulcherima.*

Heimat:	südliches Nordamerika bis Südamerika
Lichtbedarf:	mittel, hoch bis sehr hoch
Temperatur:	20–28°C
Wachstum:	mittel bis schnell
Vermehrung:	Stecklinge

Cabomba caroliniana.

Cabomba caroliniana
(Carolinahaarnixe)

Ist die am längsten bekannte und am häu-figsten kultivierte Art aus der Gattung.

Die Form *C.c.* „Silbergrüne" ist eine Sproß-mutante mit verdrehten Blattsegmenten, die bei Hans Barth, Dessau entstand. Die da-durch silbrig ausssehende Form ist aller-dings problematischer in der Haltung.

Cabomba piauhyensis.

Cardamine lyrata (Japanisches Schaumkraut)

Sehr zarte, hellgrüne Pflanze mit runden, gegenständigen Blättern.
Bei dieser Art handelt es sich eigentlich um eine Kaltwasserpflanze, die man zwischen 15 und max. 20°C kultivieren sollte. Bei höheren Wärmegraden vergeilt sie schnell, bekommt kleine Blätter und lange Internodien und geht ein.

Heimat:	Ostasien
Lichtbedarf:	mittel bis hoch (abhängig von der Temperatur)
Temperatur:	15–20°C
Wachstum:	schnell
Vermehrung:	Stecklinge

Cabomba piauhyensis (Rote Cabomba)

Hierbei handelt es sich um die schönste, aber auch heikelste Cabomba.
Sehr gute Beleuchtung mit Rotanteil und ausreichendes Nährstoffangebot sind Voraussetzung. Außerdem ist CO_2-Düngung sehr zu empfehlen.

Cardamine lyrata.

Ceratophyllum-Arten (Hornblatt-Arten)

Sehr schnellwüchsige, wurzellose, oft verzweigte Stengelpflanzen mit feinen, quirlständigen Blättern.

Diese Pflanzen bewähren sich sehr bei Erstbepflanzungen, denn sie nehmen sofort ihre nährstoffzehrende Tätigkeit auf. Man kann sie einpflanzen oder treiben lassen. Eignet sich auch besonders gut als Ablaichpflanze und als Jungfischschutz für Lebendgebärende.

Nach meinen Erfahrungen reagieren leider alle Ceratophyllum-Arten auf plötzliche chemische Veränderungen des Wassers mit oft völligem Zusammenbrechen. So beispielsweise beim Düngen.

Heimat:	Kosmopoliten
Lichtbedarf:	mittel bis hoch
Temperatur:	10–30°C
Wachstum:	schnell
Vermehrung:	Seitentriebe

Ceratophyllum demersum (Gemeines Hornblatt)

Einheimisches Hornblatt, das probelmlos im Aquarium und im Gartenteich wächst.

Ceratophyllum demersum.

Ceratophyllum submersum (Zartes Hornblatt)

Selten erhältliches Hornblatt, das nach meinen Erfahrungen im Aquarium am schlechtesten von den hier angeführten wächst.

Ceratphyllum demersum spec. „Mexiko" (Mexikanisches Hornblatt)

Eine aus Mexiko stammende Art, die oft auch als eine Variation von C. demersum bezeichnet wird. Sie weicht im Habitus durch ihre gleichmäßige Verzweigung von den anderen Hornblättern ab.

Ceratophyllum demersum spec. „Mexiko".

Ceratophyllum demersum spec. „Kuba" (Kubanisches Hornblatt)

Ähnelt sehr unserem einheimischen Hornblatt und ist ebenfalls sehr gut geeignet. Auch dieses Ceratophyllum dürfte eine Variation von C. demersum sein.

Ceratopteris-Arten
(Hornfarn-Arten)

Ceratopteris sind sehr brauchbare, grundständige Aquarienpflanzen, die eingepflanzt oder schwimmend (als Schwimmpflanze) kultiviert werden können. Sie sind leicht zerbrechlich. Man kann jedoch jedes abgebrochene Blatt schwimmen lassen, es bilden sich daran zahlreiche Jungpflanzen (Adventivpflanzen).

Hornfarne scheinen pflanzenfressenden Fischen nicht zu schmecken, sie lassen sie meist unbehelligt.

Heimat:	Kosmopolit der Tropen und Subtropen.
Lichtbedarf:	mittel bis hoch
Temperatur:	22–28°C
Wachstum:	schnell
Vermehrung:	bei schwimmenden Exemplaren große Mengen von Adventivpflanzen an den Blättern.

Ceratopteris cornuta
(Gemeiner Hornfarn)

Hat sehr große, grob gegliederte Blätter.

Schwimmender Hornfarn (*Ceratopteris pteridoides*).

Ceratopteris pteridoides
(Schwimmender Hornfarn)

Ein Hornfarn mit grob gelappten Blättern, der für Pflanzenaquarien wenig geeignet ist, weil er als Schwimmpflanze das Becken zu sehr beschattet.

Ceratopteris thalictroides (Filigranfarn)

Dieser grundständige und feinfiedrige Farn wird groß. Er ist besonders dekorativ und kann mit seiner hellgrünen Farbe im Kontrast zu ganzrandigen, dunkelgrünen und roten Pflanzen stehen.

Ceratopteris thalictroides.

Crassula helmsii (Nadelkraut)

Sehr feine und dicht wachsende Pflanze mit Trieblängen von 15–25 cm. Hat als Vordergrundpflanze wenig Bedeutung, da sie meistens zu wenig Licht bekommt. Dagegen wird sie manchmal in japanisch eingerichteten Aquarien verwendet.

Heimat:	Australien
Lichtbedarf:	hoch
Temperatur:	15–26°C
Wachstum:	mittel bis schnell
Vermehrung:	Stecklinge

Crinum-Arten (Hakenlilien-Arten)

Von den vielen Arten sind nur wenige für ständig submerse Kultur geeignet. Einige werden für Aquarien viel zu lang und gleichen im Habitus Riesenvallisnerien. Interessant sind kleinere Arten mit schmalen, bandförmigen, gewellten oder stark gedrehten Blättern.

Heimat:	Kosmopoliten der Tropen und Subtropen. Aquaristische Arten stammen aus Afrika und Südamerika.
Lichtbedarf:	mittel
Temperatur:	22–28°C
Wachstum:	langsam bis sehr langsam
Vermehrung:	durch Tochterzwiebeln

Crinum calamistratum (Dauerwellenhakenlilie)

Eine der neueren, kleineren Arten mit schmalen, stark gewellten und gedrehten, grundständigen Blättern. Blätter werden bis 50 cm, Farbe dunkelgrün.

Crinum natans (Flutende Hakenlilie)

Die Nominatform ist für Pflanzenaquarien wegen ihrer Länge und damit Abdeckung der Wasseroberfläche nicht geeignet. Es gibt jedoch eine Wuchsform mit 2–3 cm breiten, stark gewellten und gekräuselten Blättern, die nur 30–45 cm lang wird.

Crinum thaianum (Thailändische Hakenlilie)

Wegen ihrer Blattlänge von einem Meter und mehr ist diese Art für Aquarien kaum geeignet.

Crinum calamistratum ist eine begehrte und empfehlenswerte Hakenlilien-Art, die langsam, jedoch problemlos wächst.

Cryptocoryne-Arten
(Wasserkelch-Arten)

Cryptocorynen sind Rosettenpflanzen und gehören zu den artenreichsten Aquarienpflanzen-Gattungen.
Es gibt sehr gut geeignete und sehr problematische Arten. Im allgemeinen haben sie bei Zoohändlern und Aquarianern wegen der sogenannten Cryptocorynenkrankheit (siehe dort) keinen guten Ruf, obgleich eigentlich nur eine, die früher bekannteste Art, *C. affinis,* besonders anfällig ist. Trotzdem sind Cryptocorynen sehr interessante Pflanzen. Viele der *Cryptocoryne*-Arten wechseln je nach Standort sehr stark in ihrem Aussehen, so daß man häufig Schwierigkeiten mit der richtigen Namensangabe hat. Nur nach ihren Blüten kann man sie einigermaßen sicher bestimmen. Bis auf wenige Ausnahmen wachsen *Cryptocorynen* recht langsam und sollten deshalb auch möglichst wenig umgepflanzt werden.

Heimat:	Süd- und Südostasien
Lichtbedarf:	mittel bis hoch, Ausnahmen: *C. affinis, C. cordata* und *C. purpurea*-gering bis sehr gering
Temperatur:	22–28°C
Wachstum:	bis auf wenige Ausnahmen langsam bis sehr langsam
Vermehrung:	je nach Art Ausläufer, Rhizomsprosse oder Rhizomteilung, als Experiment auch aus Samen

Cryptocoryne affinis
(Härtels Wasserkelch)

Allgemein bei älteren Aquarianern bekannteste Art, die bei geringem Licht am größten wird. Heute allerdings im Handel kaum erhältlich, weil sie sich in großen Gärtnereien nicht emers pflegen und vermehren läßt. Eine Variation dieser Art hat stark bullose Blätter.

Cryptocoryne aponogetifolia
(Aponogetonähnlicher Wasserkelch)

Auch diese bis 1m lang werdende Art mit bis 4 cm breiten und stark genoppten, mittelgrünen Blättern kommt mit sehr wenig Licht aus. Sie wird dann besonders lang.

Cryptocoryne aponogetifolia.

Cryptocoryne beckettii
(Becketts Wasserkelch)

Sehr empfehlenswerte Art, die mit 15–25 cm Höhe für den Vordergrund geeignet ist.

Cryptocoryne beckettii.

Fachleute können *Cryptocorynen* nach ihren Blüten bestimmen.

Cryptocoryne balansae
(Genoppter Wasserkelch)

Relativ gut wachsende, 30–45 cm große Art mit stark genoppten und gekräuselten Blättern.

Cryptocoryne blassii
(Blass' Wasserkelch)

Sehr ansprechende und gut wachsende, 35–45 cm große Art mit langgestielten, oberseits dunkelgrünen, unterseits tiefroten Blättern, die neuerdings unter *C. cordata* eingeordnet wird.

Cryptocoryne blassii.

Cryptocoryne ciliata
(Gewimperter Wasserkelch)

Ihren Namen hat sie nach ihrer bewimperten Spatha. Sie trägt langgestielte, hellgrüne Blätter und wird 40–50 cm hoch.
Es gibt zwei Variationen, die sich durch ihre vegetative Vermehrung unterscheiden: *C. c. var. cilata* treibt lange Ausläufer, *C. c. var. latifolia,* dicht an der Pflanze sitzende Seitentriebe.

Blüte von *Cryptocoryne ciliata.*

Cryptocoryne cordata
(Herzblättriger Wasserkelch)

Eine im Aquarium bis 60 cm groß werdende Art, die sehr stark in Wuchsform und
Farbe variiert. Das führte dazu, daß diese
Formen bisher als eigene Arten bezeichnet
wurden, z.B. *C. blassii, C. evae, C. kerrii, C.
siamensis, C. stonei.*
Die Blätter aller Formen sind langgestielt
und glänzend, oberseits olivgrün, bronzefarben, bräunlich oder auch marmoriert,
unterseits grün bis dunkelrot.
Besonders dekorativ und deshalb begehrt
ist die Zuchtform *C. cordata* 'Rosanervig',
deren wunderschöne Färbung wahrscheinlich durch eine Viruserkrankung hervorgerufen wird.

Cryptocoryne cordata 'Rosanervig' – eine sehr
begehrte Zuchtform, die aber oft im Aquarium
vergrünt.

Cryptocoryne costata
(Gerippter Wasserkelch)

Wird etwa 15 cm groß. Die Blattfarbe variiert von hellgrün bis rotbraun.

Cryptocoryne crispatula

Etwa 40 cm groß werdende Art mit langen,
schmalen, leicht gewellten Blättern, die bei
viel Licht rötlich werden.
Diese Art wird fälschlicherweise häufig als
C. retrospiralis bezeichnet. Die richtige *C.
retrospiralis* wird nur sehr selten gepflegt.

Cryptocoryne hudoroi
(Hudoros Wasserkelch)

Eine neuere Art mit stark genoppten Blättern, die etwa 20 cm groß wird und recht
gut wächst.

Cryptocoryne crispatula.

Cryptocoryne hudoroi.

Cryptocoryne keei (Bronzewasserkelch)

Eine der vorherigen sehr ähnliche Art mit ebenfalls stark genoppten Blättern, bildet aber im Gegensatz zu *C. hudoroi* kürzere Ausläufer.

Bei guter Beleuchtung werden die Blätter oberseits bronzefarben und haben ein zusätzliches, dunkles Zeichnungsmuster.

Cryptocoryne keei.

Cryptocoryne lucens (Glänzender Wasserkelch)

Eine kleine, 10 bis 15 cm große Art der *C. beckettii*-Gruppe mit langgestielten, schmalen, ledrig-festen Blättern. Gut als Vordergrundpflanze geeignet.

Cryptocoryne moehlmanni.

Cryptocoryne moehlmannii (Möhlmanns Wasserkelch)

Im Habitus sehr ähnlich *C. pontederifolia*, jedoch mit grüner Blattfarbe. Ihre Blätter sind jedoch steifer und weniger spitz ausgezogen. Sie wächst ebenfalls recht gut.

Cryptocoryne parva (Kleiner Wasserkelch)

Nur 5 cm große Art, die bei ungestörtem Wuchs, im Vordergrund einen Rasen bildet.

Cryptocoryne petchii (Petchs Wasserkelch)

Diese etwa 15–20 cm groß werdende *Cryptocoryne* mit schmalen, rötlich-braunen und am Rande leicht gewellten Blättern gehört zur *C. beckettii*-Gruppe.

Cryptocoryne lucens.

Cryptocoryne petchii.

Cryptocoryne pontederifolia.

Cryptocoryne pontederifolia
(Pontederiablättriger Wasserkelch)

Eine gut wachsende *Cryptocoryne* mit hellgrünen, langgestielten, herzförmigen Blättern. Wuchshöhe etwa 25 cm.

Cryptocoryne walkeri.

Cryptocoryne walkeri
(Walkers Wasserkelch)

Etwa 15 cm große, sehr brauchbare Art, die zur *C. beckettii*-Gruppe gehört. Blätter mit rotbraunen Stielen, am Rande gewellt, oberseits olivgrün, unterseits rotbraun. Ist leicht mit ähnlichen Arten zu verwechseln.

Cryptocoryne wendtii
(Wendts Wasserkelch)

Eine *Cryptocorynen*-Art, die sehr stark variiert und außerdem standortbedingte Änderungen durchmacht. Dadurch ist es äußerst schwierig, die Art sicher festzustellen. *C. w.* gehört zur *C. beckettii*-Gruppe.

Blüte von *Cryptocoryne walkeri* (Synonym *Cryptocoryne legroi*).

Cryptocoryne wendtii.

Cryptocoryne x willisii.

Cryptocoryne x willisii
(Willis Wasserkelch)

Hierbei handelt es sich um einen kleinen, 5 bis 15 cm großen Wasserkelch mit schmalen, lanzettartigen und gestielten, mittelgrünen Blättern, der sich sehr gut als Vordergrundpflanze eignet.
Diese Naturhybride wurde sehr lange Zeit als C. nevillii bezeichnet und ist auch leicht mit C. lucens zu verwechseln.

Cyperus helferi
(Helfers Zypergras)

Immer wieder hat man versucht, Zypergräser unter Wasser zu kultivieren. Bisher war das aber bei allen Arten auf Dauer ein Mißerfolg. So z.B. auch mit C. eragrostis. Mit C. helferi, das es in der Aquaristik erst seit 1991 gibt, habe ich persönlich keine Erfahrungen. Es braucht nährstoffreichen Bodengrund und soll problemlos in bezug auf Wasserhärte sein. Gute Beleuchtung ist Voraussetzung.

Heimat:	Asien
Lichtbedarf:	hoch
Temperatur:	22–26°C
Wachstum:	mittel
Vermehrung:	Rhizomteilung und durch Bildung von Adventivpflanzen an emersen Blütenständen

Blüte von Cryptocoryne x wilissii.

Cyperus helferi.

129

Didiplis diandra
(Amerikanische Wasserhecke)

Etwas problematische Pflanze, die nicht immer zufriedenstellend wächst. Man kann sie als Vordergrundpflanze, vor allem aber für japanisch eingerichtete Aquarien verwenden.

Heimat: Südliches Nordamerika
Lichtbedarf: hoch
Temperatur: 18–26°C
Wachstum: mittel bis schnell
Vermehrung: Kopfstecklinge

Didiplis diandra, die sogenannte Wasserhecke.

Echinodorus-Arten
(Schwertpflanzen-Arten)

Sehr artenreiche Aquarienpflanzen-Gattung, die durch viele Kreuzungen, Mutationen und Formen teilweise unübersichtlich wird. Es handelt sich um ausgesprochene Sumpfpflanzen, von denen sich die meisten sehr gut für die submerse Kultur eignen. Es herrscht derzeit ein sehr großer Wirrwarr in der Namensgebung.

Heimat: Südliches Nordamerika und ganz Südamerika, eventuell eine Art aus Afrika (?)
Lichtbedarf: mittel bis hoch
Temperatur: 22–28°C, einige Arten aus dem Hochgebirge sind sogar teilweise bedingt winterhart.
Wachstum: bis auf wenige sehr langsam wachsende (*E. opacus* und *E. portoalegrensis*) mit tel bis schnell
Vermehrung: Je nach Art: Ausläufer, Adventivpflanzen, Rhizomteilung, Samen.

Bei submerser Kultur werden Adventivpflanzen an Überwasser-Blütenständen untergetaucht, damit sie Wurzeln bilden.

Echinodorus 'Ozelot', eine der neuesten Zuchtformen mit stark gefleckten Blättern.

Echinodorus amazonicus
(Amazonas-Schwertpflanze)

Früher unter dem Namen *E. brevipedicillatus* die häufigste Art und allgemein bekannt. Heute ist sie relativ selten und meistens wird eine andere Art, *E. bleheri*, gezeigt. Die Blätter dieser Art sind jedoch länger gestielt, während *E. a.* nahezu ungestielte Blätter hat.

Wuchshöhe:	50 cm
Vermehrung:	Adventivpflanzen am Blütenstiel.

Echinodurus angustifolius
(Schmalblättrige Schwertpflanze)

Wird wenig gepflegt, da ihr Habitus eher einer Vallisnerie gleicht. Sie vermehrt sich auch wie diese durch Ausläufer. Eine sehr haltbare und problemlose Pflanze mit 0,6– 1 cm breiten und submers bis 60 cm langen Blättern.

Echinodorus aschersonianus, eine Pflanze für den Mittelgrund.

Echinodorus aschersonianus
(Aschersons Schwertpflanze)

Kleine, etwa 15cm große Art. Geeignet für den Vordergrund. Vermehrt sich nur relativ geringfügig durch wenige Adventivpflanzen am Blütenstand. Bei Aussaat variieren die Sämlinge stark im Aussehen.

Echinodorus x barthii im Aquarium.

Echinodorus x barthii
(Barths Schwertpflanze)

Diese zuerst als *E.* „osiris doppeltrot" importierte, wunderschön gefärbte Pflanze ist wahrscheinlich eine Aquarienhybride, die von Mühlberg als eigenständige Art beschrieben und nach dem Dessauer Wasserpflanzengärtner Hans Barth benannt wurde. Sie eignet sich besonders als Solitärpflanze und Blickfang. Sie wird im Aquarium 10–20 cm hoch und braucht einen Platz von 20–40 cm Durchmesser.

Echinodorus bolivianus
(Bolivianische Schwertpflanze)

Ausläuferbildende, etwa 10 cm hohe Vordergrundpflanze mit langausgezogenen, spitzen Blättern. Diese Art wird fälschlicherweise oft als *E. austroamericanus, E. intermedius, E. latifolius* oder *E. magdalenensis* bezeichnet.

Echinodorus bolivianus.

Echinodorus berteroi – emerse Pflanze mit arttypischen Blüten- und Samenständen.

Echinodorus berteroi
(Zellophan-Schwertpflanze)

Ist besonders für oben offene Aquarien geeignet, weil sie bei einer täglichen Beleuchtungsdauer von über 12 Stunden zunächst Schwimmblätter und dann Überwasserblätter bildet. Die namensgebenden Unterwasserblätter sterben dann ab.
Die Art wird durch sich reichlich bildende Samen vermehrt.

Echinodorus bleheri
(Blehers Schwertpflanze,
Große Amazonaspflanze)

Heute am meisten verbreitete große Art (bis 60 cm) mit langgestielten Blättern. Wird häufig mit *E. amazonicus* verwechselt und vermehrt sich wie dieser. Einige Wasserpflanzengärtnereien bezeichnen sie fälschlicherweise als *E. paniculatus*.

Echinodorus bleheri ist eine sehr große Art, die viel Platz braucht.

Echinodorus cordifolius
(Herzblättrige Schwertpflanze)

Wuchshöhe bis 60 cm und mehr. Auch diese Art treibt bei täglicher Beleuchtungsdauer über 12 Stunden sofort Schwimmblätter, ist deshalb wenig geeignet. Man hat versucht, das Wachstum der sehr robusten Pflanze durch extrem nährstoffarmen Bodengrund oder durch Einbinden in kleine Plastikbeutel zu drosseln und durch Entfernen der Schwimmblätter längere Zeit unter Wasser zu halten.

E. c. ist durch Kreuzung in viele Hybriden eingegangen, wobei oft die Großflächigkeit der Blätter vererbt wird und teilweise das Bestreben des Herauswachsens verloren geht. Vermehrung durch Samen und Adventivpflanzen.

Echinodorus cordifolius „Gelb"
(Gelber Cordifolius)

Nur etwa 20–30 cm große Form, die wahrscheinlich durch die Gelbfärbung eine Wuchshemmung erfährt.

Echinodorus cordifolius „Harbich"
(Harbichs Schwertpflanze)

Eine durch Mutation aus *E. c.* hervorgegangene Form, die von dem tschechischen Wasserpflanzengärtner Harbich gezüchtet wurde. Sie ist kurzgestielt und 10–20 cm groß.

Echinodorus cordifolius „Mini"

Niedrig bleibende Form mit hellgrünen, gestielten und herzförmigen Blättern. Vermehrung ebenfalls durch Adventivpflanzen am Blütenstand.

Echinodorus cordifolius
„Tropica Marble Queen"

Eine durch Chlorophylldefekte dekorative Form, die nach meinen Erfahrungen aber nicht besonders gut für submerse Kultur geeignet ist. Auf jeden Fall ist sehr viel Licht angebracht.

Echinodorus grandiflorus
(Großblütige Schwertpflanze)

Diese Art wird von Karel Rataj als *E. argentinensis* bezeichnet. Eine emers sehr groß werdende, submers aber meistens nur 30–40 cm große Art. Vermehrung durch Adventivpflanzen am Blütenstand.

Echinodorus grisebachii.

Echinodorus grisebachii
(Grisebachs Schwertpflanze)

Eine Art, die *E. aschersonianus* sehr ähnelt und sich wie diese durch Adventivpflanzen nur gering vermehrt. Eine Vermehrung über Samen ist ergiebiger.

Echinodorus cordifolius 'Tropica Marble Queen' in der emersen Form.

Echinodorus horizontalis
(Horizontale Schwertpflanze)

Eine der beliebtesten, aber auch seltenen Schwertpflanzen, die mit ihrer horizontalen Blattstellung eine sehr interessante Solitärpflanze ist. Sie wird durch Adventivpflanzen nur gering vermehrt. Wuchshöhe bis etwa 35 cm.

Echinodorus martii
(Gewelltblättrige Schwertpflanze)

Eine der schönsten, breitausladenden und bis 60 cm groß werdenden *Echinodoren* mit langen, gewellten und hellgrünen Blättern, deren dauernden Namensänderungen von *E. martii* zu *E. major* und zurück die Aquarianer aber kaum noch folgen können.

Oft werden verschiedene Pflanzen unter seinem Namen angeboten. Aber nur der echte *Echinodorus horizontalis* hat die typische, namensgebende Blattstellung.

Echinodorus horemanii
(Horemans Schwertpflanze)

Eine von Karel Rataj beschriebene Art, deren Selbstständigkeit von einigen Botanikern angezweifelt und unter *E. uruguayensis* eingeordnet wird.
Trotzdem handelt es sich um zwei sehr schöne Varianten: eine grüne und eine rotbraune, die sehr groß werden. Sie sind offensichtlich sehr kälteresistent, denn sie haben schon im Gartenteich überwintert. Die Blütenstandsbildung scheint durch Kurztag und/oder kühle Überwinterung ausgelöst zu werden.

Echinodorus martii.

Echinodorus opacus
(Glanzlose oder Dunkle Schwertpflanze)

Diese Art wächst sehr langsam, bildete bisher keine Blütenstände und läßt sich nur sehr spärlich durch austreibende Jungpflanzen aus dem Rhizom vermehren. Deshalb ist sie bis heute äußerst selten. Ihre Blätter sind kurzgestielt, eiförmig, dunkelgrün und lederartig. Die ganze Pflanze dürfte maximal 30 cm groß werden.

Echinodorus opacus ist sehr selten und wird manchmal auch als Porzellanpflanze bezeichnet.

Echinodorus osiris
(Rötliche Schwertpflanze, Osiris' Schwertpflanze)

Ihr deutscher Namen begründet sich auf die rötlichen Jungblätter, sie gehört zu den schönsten und gut wachsenden *Echinodoren* im Aquarium.
Da diese Pflanze steril ist, d.h. keine Samen bringt, wird vermutet, daß es sich eventuell um eine Naturhybride handelt, zumal bei Zuchtversuchen durch Kreuzung verwandter Arten ähnliche Pflanzen entstanden.
Vegetativ vermehrt sich *E. o.* jedoch reichlich durch Adventivpflanzen am Blütenstand.
Von manchen Botanikern wird *E. osiris* zu *E. uruguayensis* überstellt.

Echinodorus osiris wird recht groß und eignet sich deshalb besonders als Solitärpflanze.

Echinodorus parviflorus
(Schwarze Schwertpflanze)

Ist eine typische Kurztagspflanze. Nur nach längerer Periode einer Beleuchtung unter 10 Stunden bildet diese Art Blütenstände und Samen und danach auch Adventivpflanzen aus. Das geschieht in unseren Breiten im Gewächshaus ohne Zusatzbeleuchtung nach dem Winter, meistens im Mai. Im normalen Aquarium unter Langtagbedingungen vermehrt sie sich nicht.

Kurztagblätter unterscheiden sich deutlich durch längere Stiele und kürzere Blattspreiten von den nahezu stiellosen, langen Langtagblättern.

E. p. ist eine sehr dekorative, mittelgroße (etwa 30 cm) und dunkelgrüne Solitärpflanze. Man sollte ihr ausreichend Platz geben, denn im Laufe der Zeit wird aus ihr ein ansehnlicher Busch mit nicht selten 100 Blättern.

E. p. 'Tropica' ist eine nur etwa 10–20 cm große, kompakte Sorte. Sie braucht mehr Licht als die Ausgangsform und wächst langsamer. Wegen ihrer Samolus-ähnlichen Blätter hatte man sie zuerst als *E. samoloides* bezeichnet.

Echinodorus parviflorus 'Tropica'.

Adventivpflanzen am Blütenstengel von *Echinodorus parviflorus*.

Echinodorus parviflorus läßt sich nur nach Kurztag-Bedingungen vermehren.

Echinodorus portoalegrensis.

Echinodorus quadricostatus ist sehr gut als Vordergrundpflanze geeignet.

Echinodorus portoalegrensis (Derbe Schwertpflanze)

Sie ähnelt sehr *E. opacus* und bildet wie diese derb-ledrige, dunkelgrüne Blätter. Auch sie wächst sehr langsam und ist nur gering verbreitet. Wenn die Pflanze einen Blütenstand ausbildet, so kann man reichlich Adventivpflanzen ernten.

Echinodorus quadricostatus (Zwergschwertpflanze)

Eine wertvolle Vordergrundpflanze, die bei viel Licht durch Ausläufer dichte Rasen bildet. Man sollte sie gut beobachten, da sie leicht chloros wird, d.h., unter Eisenmangel leidet.

Echinodorus 'Rosé'

Eine ebenfalls von Hans Barth herausgezüchtete *Echinodorus*-Sorte, die mit ihren gefärbten Blättern und eigentümlicher Blattrandausbildung sehr dekorativ ist.

Echinodorus 'Rosé'.

Echinodorus schlueteri
(Schlüters Schwertpflanze)

Kompakt bleibende, etwa 25 cm große Rosettenpflanze mit hellgrünen, länglich-ovalen Blättern, deren junge Blätter gefleckt sind.
Eine stark rotbraun gefleckte Mutation dieser Art entstand bei der Firma Barth, Dessau. Sie wurde mit dem Sortennamen *E. schlueteri* 'Leopard' bedacht.

Echinodorus tenellus
(Grasblättrige Schwertpflanze)

Kleinste, rasenbildende *Echinodorus*-Art von etwa 5 cm Höhe, die wegen ihrer Größe besonders für den Vordergrund geeignet wäre. Leider hat man aber mit dieser Art selten Erfolg, da sie meistens nicht genug Licht bekommt. Sie ist nur brauchbar in nicht zu hohen Becken, wo sie von keiner Pflanze schattiert wird.
Für lichtdurchflutete, nach japanischer Art bepflanzte Aquarien mit durchweg niedrigen Pflanzen kann sie auf großen Flächen eingesetzt werden.

Echinodorus schlueteri 'Leopard'.

Bei guter Beleuchtung hat *Echinodorus tenellus* rötlich angehauchte Blätter.

Echinodorus uruguayensis
(Uruguay-Schwertpflanze)

Eine etwa 60 cm große Art, die sehr viele (oft bis 100) Blätter bildet und deshalb viel Platz in entsprechend großen Becken braucht. *E. u.* variiert sehr stark, und man unterscheidet verschiedene Wuchs- und Farbformen. Neuerdings werden auch die beiden Farbformen von *E. horemanii* dazu gezählt. Eventuell gehört auch *E. osiris* zu dieser Art.

Echinodorus uruguanensis, 'grün'.

Egeria densa
(Argentinische Wasserpest)

Diese quirlständige Stengelpflanze mit drei bis fünf Blättchen pro Quirl ist als guter Sauerstoffspender bekannt und wird auch häufig im Gartenteich während des Sommers verwendet. In milderen Klimazonen Europas hat sie sich eingebürgert.
Auch im Aquarium ist sie eine sehr brauchbare Pflanze. Sie ist besonders in der Anfangszeit in neueingerichteten Aquarien zu empfehlen und wächst auch uneingewurzelt. Mit Bodengrund wird sie aber kräftiger.

Heimat:	südöstliches Südamerika
Lichtbedarf:	mittel bis hoch
Temperatur:	5–26°C
Wachstum:	schnell
Vermehrung:	durch Sproßstücke

Egeria densa gehört zu den schnellwachsenden Aquarienpflanzen.

Egeria najas ist für das tropische Pflanzen-aquarium sehr geeignet.

Egeria najas (Paraguay-Wasserpest)

Quirlständige Stengelpflanze mit schmalen, gezahnten Blättchen und sehr kurzen Internodien. Sehr schöne Wasserpestart für das Pflanzenaquarium. Besser geeignet als die vorige Art.

Heimat:	nördliches Südamerika
Lichtbedarf:	hoch
Temperatur:	10–28°C
Wachstum:	schnell
Vermehrung:	nicht zu kurze Stecklinge

Eichhornia azurea (Azurblaue Wasserhyazinthe)

Für die Aquarienbepflanzung kommen die Unterwassertriebe dieser Art in Frage. Die zweizeilig, hellgrünen Pflanzen bilden in kleiner Gruppe einen besonders schönen Kontrast gegen dunklen Hintergrund oder dunkelgrüne Pflanzen. Sie brauchen nähr-stoffreichen Bodengrund und müssen stän-dig im Auge behalten werden: Man muß sie nämlich rechtzeitig vor Erreichen der Was-seroberfläche einkürzen. Dabei darf sowohl der im Boden verbleibende Teil als auch der neue Steckling nicht zu kurz sein. Zu kurze alte Pflanzenteile treiben nicht wieder aus. Erreichen die Pflanzen die Oberfläche, so bilden sie lange flutende Triebe mit löffel-förmigen, derben und dunkelgrünen Blät-tern, die Unterwasserblätter sterben dann

Die Unterwasserform von Eichhornia azurea ist durch ihre ungewöhnliche, gegenständige Blattstellung im Aquarium ein Blickfang.

Blühende Überwasserform von *Eichhornia azurea.*

ab. Hat die Pflanze einmal diese Wuchsform angenommen, so ist sie nicht mehr in die Unterwasserform zurückzubringen.
Wesentlich rentabler als die Stecklingsvermehrung ist die Vermehrung aus Samen.

Heimat:	tropisches Südamerika
Lichtbedarf:	hoch bis sehr hoch
Temperatur:	20–28°C
Wachstum:	schnell
Vermehrung:	Kopfstecklinge, Samen

Eichhornia crassipes (Wasserhyazinthe)

Schwimmende Rosettenpflanze mit schwammig aufgetriebenen Blattstielen und runden, derben und dunkelgrünen Blättern. Ihre hyazinthenartigen Blütenstände gaben ihr den deutschen Namen.
Diese Pflanze ist besser für den sommerlichen Gartenteich und für das Paludarium geeignet. Im Aquarium beschattet sie die Unterwasserpflanzen zu sehr. Wenn sie durch Anbinden an einer bestimmten Stelle fixiert wird, läßt sie sich gut für offene Aquarien verwenden.

Heimat:	Kosmopolit tropischer Gebiete
Temperatur:	5–30°C
Wachstum:	schnell
Vermehrung:	Ausläufer

Eichhornia diversifolia (Verschiedenblättrige Wasserhyazinthe)

Stengelpflanze mit langen, schmalen, zartgrünen, wechselständigen Blättern, ähnlich *Heteranthera zosteraefolia.* Sie wächst im Vergleich zu dieser schlechter. Weil die unteren Blätter zum Schwarzwerden neigen, muß man die Pflanze häufig kürzen.

Heimat:	tropisches Südamerika
Lichtbedarf:	hoch
Wachstum:	mittel
Vermehrung:	Kopfstecklinge

Eichhornia diversifolia.

Eleocharis acicularis
(Nadelsimse)

Pflanze mit nadelförmigen, 5–20 cm langen Blättern, die im Aquarium mit einzelnen Nadelblättern und kleinen Rosetten
durch sich stark verzweigende Ausläufer
einen Vordergrundrasen bilden kann.

Heimat: Kosmopolit
Lichtbedarf: mittel bis hoch
Temperatur: 1–26°C
Wachstum: schnell
Vermehrung: Ausläufer

Die Wuchshöhe von *Eleocharis acicularis* ist
lichtabhängig. Es scheint aber auch verschieden
große Wuchsformen zu geben.

Eleocharis vivipara.

Eleocharis vivipara
(Regenschirmpflanze)

Zarte Pflanze von interessantem Aussehen.
Die rosettig angeordneten, nadelförmigen
Blätter bilden an ihrer Spitze neue Pflanzen aus, wodurch ein Etagenwuchs entsteht.
Damit sie sich zur vollen Schönheit entfalten kann, benötigt sie etwas höhere Bekken, sonst bildet sie ein undefinierbares
Gewirr, das sich aber besonders als Versteckplatz für junge Lebendgebärende eignet.

Heimat: südliches Nordamerika
Lichtbedarf: mittel
Temperatur: 18–26°C
Wachstum: mittel, bei guter Beleuch-
tung schneller.
Vermehrung: Abtrennen von Halmquirlen

Elodea canadensis
(Kanadische Wasserpest)

Diese Wasserpestart eignet sich mehr für Kaltwasseraquarien. In wärmerem Wasser vergeilt sie, deshalb ist sie für ein tropisches Pflanzenaquarium nicht zu empfehlen.

Heimat:	Nordamerika, in Europa und vielen anderen Ländern eingeschleppt.
Lichtbedarf:	hoch
Temperatur:	1–20°C
Wachstum:	schnell
Vermehrung:	Bruchstücke, bzw. Stecklinge

Eustralis stellata (Sternpflanze)

Sehr anspruchsvolle Aquarienpflanze, deren Kultur oft nur zeitweise gelingt. Gute Chancen hat sie bei sehr viel Licht , weichem Wasser und guter Nährstoffversorgung, vor allem mit CO_2. Sie ist eine Stengelpflanze mit quirlständigen, langen und schmalen Blättern, die bei viel Licht rötlich angehaucht sind.

Heimat:	Asien, Australien
Lichtbedarf:	sehr hoch
Temperatur:	22–28°C
Wachstum:	mittel bis schnell
Vermehrung:	Kopfstecklinge

Eustralis stellata ist in diesem Aquarium nur hellgrün, ein Zeichen dafür, daß die Lichtverhältnisse besser sein könnten.

Fontinalis antipyretica
(Gewöhnliches Quellmoos)

Das Quellmoos erfreute sich in früheren Zeiten großer Beliebtheit, wurde aber in den letzten Jahrzehnten fast völlig vergessen. Erst die Japaner verwenden es jetzt wieder häufiger. Es wird wie das Javamoos (*Vesicularia dubyana*) auf Steine und Wurzeln aufgebunden. In kalten und gemäßigten Zonen gibt es etwa 60 Fontinalis-Arten, und es ist natürlich nicht sicher, ob das von den Japanern verwendete Quellmoos dem unseren entspricht.
Bei der Verwendung unseres Quellmooses sollte man darauf achten, möglichst keins aus kalten, fließenden, sondern solches aus stehenden, wärmeren Gewässern zu nehmen.

Heimat:	Europa, Asien, Nordamerika, Nordafrika
Lichtbedarf:	hoch bis sehr hoch
Temperatur:	20–22°C
Wachstum:	mittel
Vermehrung:	Teilung der Polster

Glossostigma elatinoides
(Australisches Zungenkraut, Zwergkraut)

Sehr zarte Sumpfpflanze mit kriechender Sproßachse, die sich an jedem Knoten verwurzelt. Die winzigen Blättchen sind eiförmig. Eine Pflanze, die sehr gut in emerser Kultur wächst, submers als rasenbildende Vordergrundpflanze aber sehr viel Licht benötigt. Sowie sie durch andere Pflanzen beschattet wird, geht sie ein. *Glossostigma* wird vor allem in relativ flachen, lichtdurchfluteten Aquarien nach japanischer Art verwendet. Es wächst am besten in weichem und nährstoffreichem Wasser.
Wenn die Beleuchtung nicht ausreichend ist, versucht es aufrecht dem Licht entgegen zu wachsen.

Heimat:	Australien, Neuseeland
Lichtbedarf:	sehr hoch
Temperatur:	20–26°C
Wachstum:	mittel
Vermehrung:	Teilstücke

Gymnocoronis spilanthoides
(Frauenkrone, Falscher Wasserfreund)

Sehr schnell wachsende Stengelpflanze mit hellgrünen, kreuzgegenständigen Blättern, die auch schnell aus dem Aquarium herauswächst und dann entsprechend eingekürzt werden muß.

Heimat:	Asien
Lichtbedarf:	hoch
Temperatur:	18–26°C
Wachstum:	eine der am schnellsten wachsenden Aquarienpflanzen
Vermehrung:	Stecklinge

Hemianthus micranthemoides
(Nordamerikanisches Perlkraut)

Diese aufrechtwachsende, sehr zierliche, quirlständige Stengelpflanze wurde bisher als *Micranthemum micranthemoides* bezeichnet, aber wegen ihres Blütenbaus in die Gattung *Hemianthus* überführt. Sie bildet im Aquarium dichte, heckenartige Bestände im Vorder- und Mittelgrund. Besonders in japanisch eingerichteten Becken bepflanzt man mit ihr oft große Flächen.

Heimat:	Osten der USA
Lichtbedarf:	hoch
Temperatur:	18–26°C
Wachstum:	mittel bis schnell
Vermehrung:	Stecklinge

Gymnocoronis spilanthoides 'Variegatus' – eine ganz neue Form mit partiellem Chlorophyllausfall.

Hemianthus micranthemoides.

Heteranthera zosteraefolia (Trugkölbchen)

Anspruchslose Stengelpflanze mit wechsel-ständigen, schmalen und hellgrünen Blättern.

Heimat: Südamerika
Lichtbedarf: hoch
Temperatur: 22–26°C
Wachstum: mittel bis schnell
Vermehrung: Kopfstecklinge

Heteranthera zosteraefolia.

Hottonia palustris (Wasserprimel, Wasserfeder)

Quirständige Stengelpflanze, die in der Gruppe sehr dekorativ aussieht.
In Pflanzenaquarien mit Temperaturen über 25°C ist sie nur schwer zu pflegen, dann braucht sie besonders viel Licht. Sie wird oft unter dem Namen *Hottonia inflata* an-geboten.

Heimat: Europa, Nordasien
Lichtbedarf: hoch
Temperatur: 1–25°C
Wachstum: langsam
Vermehrung: Kopfstecklinge

Hottonia palustris.

Hydrocotyle leucocephala
(Weißköpfiger Wassernabel)

Die Pflanze bildet lange Ranken mit wechselständigen, runden, an der Basis eingebuchteten Blättern. Sie braucht sehr viel Licht und wird meistens nur in der Nähe der Wasseroberfläche oder bei flutender Kultur ausreichend kräftig. Die tieferen Teile werden nach einiger Zeit spillrig. Es handelt sich eigentlich um eine Schwimmpflanze, die an jeden Blattknoten Wurzeln treibt.

Der Wassernabel (*Hydrocotyle leucocephala*) muß öfter nachgesetzt werden, weil sich nur die oberen Blätter kräftig ausbilden.

Heimat:	Südamerika
Lichtbedarf:	hoch
Temperatur:	22–28°C
Wachstum:	schnell
Vermehrung:	Stecklinge

Hydrocotyle verticillata
(Quirliger Wassernabel, Hutpilzpflanze)

Eine ungewöhnlich aussehende Pflanze mit kriechender Sproßachse, die waagerecht gestellte Blätter an etwa 10–20 cm langen Stielen ausbildet. Sie eignet sich für den Vordergrund oder Mittelgrund und braucht viel Licht.

Heimat:	südliches Nord- und Mittelamerika
Lichtbedarf:	hoch bis sehr hoch
Temperatur:	18–25°C
Wachstum:	submers langsam
Vermehrung:	Teilung der Kriechsprosse

Hydrocotyle verticillata in Sumpfkultur im Gewächshaus.

Hydrotriche hottoniiflora
(Wassernadel)

Eine sehr schöne, selten kultivierte, quirlständige Stengelpflanze mit nadelförmigen, hellgrünen Blättern. Nährstoffreicher Bodengrund und CO_2-Düngung sind empfehlenswert.

Heimat:	Madagaskar
Lichtbedarf:	sehr hoch
Temperatur:	20–25°C
Wachstum:	langsam bis mittel
Vermehrung:	Stecklinge

Hygrophyla-Arten
(Wasserfreund-Arten)

Unter dem Gattungsnamen *Hygrophila* ist eine recht große Menge von gut und einigen weniger gut geeigneten Aquarienpflanzen im Handel. Es sind Ufer- oder Sumpfpflanzen, und bei vielen der Arten bestehen große Unsicherheiten mit der richtigen Namensgebung. Es gibt unter anderem einleuchtende Argumente, daß ein Teil der Arten unter den Gattungsnamen *Nomaphila* eingeordnet werden müßten.

Typische Blüten von emersen *Hygrophila*-Arten.

Heimat:	Kosmopoliten in den Tropen und Subtropen, aber vorwiegend in Südostasien
Lichtbedarf:	mittel bis hoch
Temperatur:	20–28°C
Wachstum:	schnell
Vermehrung:	Stecklinge

Das breitblättrige Kirschblatt (*Hygrophila corymbosa*), das zuerst unter dem Namen *Nomaphila stricta* eingeführt wurde.

Hygrophila corymbosa
(Kirschblatt, Riesenwasserfreund)

Unter diesem Namen faßt man heute sehr viele, bisher als eigene Arten geführte Pflanzen als Wuchsformen zusammen.

Die eigentliche *H. corymbosa* hat breite, kirschblattähnliche Blätter und wurde zuerst unter dem Namen *Nomaphila corymbosa*, dann *N. stricta* und *H. stricta* angeboten. Sie neigt im Aquarium dazu, die unteren Blätter abzuwerfen und muß deshalb öfter nachgesetzt werden. Viele der als Wuchsformen bezeichneten Variationen eignen sich in dieser Beziehung besser für die Aquarienbepflanzung, so z.B. die zuerst als *H. spec.* „Capri", dann als *H. c. var. glabra* benannte. Weiterhin zählen unter anderen als Wuchsformen dazu die bisherigen Arten *H. lacustris, H. longifolius* und *H. salicifolia.*

Hygrophila corymbosa var. glabra.

Diese Form von *Hygrophila corymbosa* wurde auch als *Hygrophila siamensis* oder *Hygrophila spec.* „Thailand" bezeichnet. Sie wurde hier für eine Pflanzenstraße verwendet.

Hygrophila difformis
(Indischer Wasserstern, Wistarie)

Diese wohl zu den schönsten Aquarienpflanzen zählende Art kam zuerst unter dem Namen *Synemma triflorum* zu uns. Es ist eine Pflanze mit sehr variierendem Blattwuchs. Im Handel wird sie heutzutage meistens als emerse Form mit ganzrandigen, kreuzgegenständigen Blättern angeboten.

Eine der schönsten Aquarienpflanzen ist *Hygrophila difformis.*

Diese Blätter ändern in submerser Kultur völlig ihr Aussehen. Sie werden fiederspaltig bis fiederschnittig und hellgrün. Allerdings habe ich in einer Wasserpflanzengärtnerei in Malaysia große Mengen emerser Pflanzen gesehen, die ebenfalls fiederspaltig waren. Das liegt vielleicht an besonders hoher Luftfeuchtigkeit.

Eine sehr schöne Form der Art ist *Hygrophila difformis* 'Weiß-Grün'. Sie hat mehr oder weniger gelbweiße Blattaderungen, die höchstwahrscheinlich auf einer Virusinfektion beruhen.

Hygrophila polysperma (Indischer Wasserfreund)

Ist von allen *Hygrophila*-Arten am längsten bekannt, eine unproblematische Aquarienpflanze, die gut wächst. Inzwischen kennt man eine schmalblättrige Wuchsform und eine sehr dekorative Form mit weißgelben Adern und bei ausreichend Licht mit rötlich angehauchten Blättern, die man *H. polysperma* 'Marmor' oder *H. polysperma* 'Rosanervig' nennt.

Hygrophila polysperma.

Isoetes velata (Brachsenkraut)

Eine eigenwillig aussehende Rosettenpflanze mit langen, Schnittlauchähnlichen Blättern.

Heimat: Mittelmeerraum
Lichtbedarf: mäßig bis hoch
Wachstum: sehr langsam
Vermehrung: über Sporen, siehe Seite

Isoetes-Arten sind ausdauernde Pflanzen.

Eine selten schöne Aquarienpflanzen-Zuchtform ist *Hygrophila polysperma* 'Marmor'.

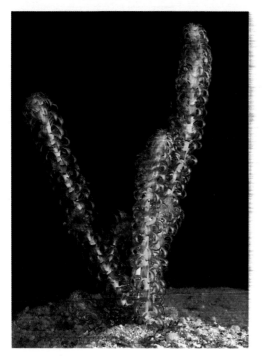

Lagarosiphon madagascariensis (Madagaskar-Wasserpest)

Eine Wasserpestart von zierlichem Wuchs. Sie wächst im Gegensatz zur folgenden Art gut im Pflanzenaquarium, darf aber nicht beschattet werden. Da sie sich beim Beschneiden stark verzweigt, ist sie auch gut für japanisch eingerichtete Aquarien geeignet.

Lichtbedarf: hoch bis sehr hoch
Temperatur: 22–28°C
Wachstum: schnell
Vermehrung: Stecklinge

Lagarosiphon madagascariensis und *Lagarosiphon major.*

Lagarosiphon major (Krause Wasserpest)

Ist eine Pflanze für Kaltwasseraquarien bis etwa 22°C. In tropischen Pflanzenaquarien mit 24–26°C vergeilt sie.

Heimat: Südafrika
Lichtbedarf: hoch
Temperatur: 10–22°C
Wachstum: schnell
Vermehrung: Stecklinge

Lagarosiphon major.

Lagenandra-Arten

Ähneln stark den *Cryptocorynen* und werden deshalb oft mit diesen verwechselt. Es sind Sumpfpflanzen, die sich nicht für submerse Kultur eignen, aber für Paludarien brauchbar sind. Öfter angebotene Art ist *L. ovata*. Diese Art wird aber für Aquarien zu groß und wächst meistens aus dem Becken heraus.

Heimat: Sri Lanka, Indien
Lichtbedarf: mäßig bis hoch
Wachstum: sehr langsam bis langsam
Vermehrung: Seitensprosse am Rhizom

Emers gepflegte *Lagenandra ovata*.

Lilaeopsis-Arten
(Graspflanzen-Arten)

Von den etwa 20 Arten werden einige als Vordergrundpflanzen für Aquarien angeboten. Sie benötigen im Aquarium aber sehr viel Licht und wachsen trotzdem sehr langsam. Es gibt wesentlich geeignetere Pflanzen für den Vordergrund, denn sobald nicht ausreichend Licht vorhanden ist, gehen sie ein. Für ausschließlich mit niederen Arten bepflanzte Japan-Becken kann man es versuchen, ansonsten wachsen diese Pflanzen am besten emers.

Heimat: Amerika, Australien, Neuseeland
Lichtbedarf: sehr hoch
Temperatur: 18–26°C
Wachstum: langsam
Vermehrung: durch Ausläufer

Lilaeopsis in Sumpfkultur.

Limnophila-Arten (Sumpffreund-Arten)

Sehr dekorative, quirlständige Stengelpflanzen mit feingefiederten Blättern.

Heimat: Süd- und Südostasien
Lichtbedarf: hoch
Temperatur: 22–28°C
Wachstum: schnell
Vermehrung: Stecklinge

Limnophila aquatica (Riesensumpffreund, Riesen-Ambulie)

Diese Pflanze braucht viel Raum und Licht, wenn sie ihre volle Größe von 10 cm Quirldurchmesser erreichen soll. Verträgt keine Beschattung, wächst bei Kurztagverhältnissen in anderer Wuchsform über das Wasser hinaus und blüht sehr attraktiv.
Zur Vermehrung sollte man Kopfstecklinge von mindestens 25 cm Länge verwenden.

Limnophila aquatica braucht Licht, nährstoffreichen Bodengrund und darf nicht zu eng gepflanzt werden.

Limnophila heterophylla (Verschiedenblättriger Sumpffreund)

Ist sehr feinfiedrig und von zierlichem Wuchs. Sie wird selten angeboten. Bei guter Beleuchtung werden die oberen Pflanzenteile rötlich-braun.

Limnophila indica (Indischer Sumpffreund)

Der vorhergehenden Art ähnlich, wird jedoch größer und bleibt auch bei bester Beleuchtung hellgrün.

Limnophila sessiliflora.

Limnophila sessiliflora (Blütenstielloser Sumpffreund, Kleine Ambulie)

Hat von allen *Limnophila*-Arten die breitesten Blattsegmente und ist die anspruchsloseste und häufigste Art.

Lindernia parviflora
(Kleinblütiges Büchsenkraut)

Hellgrüne Stengelpflanze mit kleinen, kreuzgegenständigen Blättern, die sehr viel Licht braucht, ansonsten aber anspruchslos ist. Damit sie richtig zur Geltung kommt, sollte sie in den Vorder- bis Mittelgrund als Gruppe vor dunkelgrüne und rote Pflanzen gesetzt werden. Sehr gut geeignet für japanische „Naturaquarien".
Als typische Sumpfpflanze wächst sie auch sehr gut emers. Aus den kleinen bläulichen Blüten entwickeln sich große Mengen Samen. Durch Selbstaussaat kann sie in Wasserpflanzengärtnereien sehr lästig werden. Es gibt auch eine weißgestreifte Form *L. p. „Variegata".*

Heimat:	Indien, Vietnam, Sri Lanka, Madagaskar, Afrika
Lichtbedarf:	sehr hoch
Wachstum:	schnell
Vermehrung:	Stecklinge, Samen

Lindernia parviflora als Pflanzenstraße.

Lobelia cardinalis
(Kardinalslobelie, Scharlachrote Lobelie)

Sie wurde von den Holländern in die Aquaristik eingeführt und wird wegen ihres unkomplizerten, aber langsamen Wachstums hauptsächlich für die sogenannten Leidenschen Pflanzenstraßen verwendet.

Heimat:	Nord- und Mittelamerika
Lichtbedarf:	mittel bis hoch
Temperatur:	10–28°C
Wachstum:	langsam bis mittel
Vermehrung:	Stecklinge

Lobelia cardinalis wächst relativ langsam und ist deshalb gut für Pflanzenstraßen geeignet.

Ludwigia-Arten (Ludwigien)

Ludwigien gehören zu den häufigsten und am längsten bekannten Aquarienpflanzen. Es gibt eine große Zahl, von denen aber nur relativ wenige für dauernde submerse Kultur geeignet sind. Auffällig ist, daß sich schmalblättrige Ludwigien weniger gut als breitblättrige eignen.

Heimat:	Kosmopolit der Tropen, Subtropen und gemäßigten Breiten
Temperatur:	durchschnittlich 18–26°C
Wachstum:	schnell
Vermehrung:	Stecklinge

Ludwigia arcuata
(Schmalblättrige Ludwigie)

Nur bei Einsatz von überdurchschnittlich hohem Licht, Eisen- und CO_2-Düngung sollte man es mit dieser Art versuchen. Sie wird dann sehr schön rot und bildet als Gruppe einen beeindruckenden Blickfang. Bei nicht zusagenden Bedingungen geht sie ein.

Ludwigia palustris (Sumpfludwigie)

Bei normaler Beleuchtung eine hellgrüne und anspruchslose Art mit ovalen Blättern. Bei hoher Lichtintensität wird sie leuchtend rot.

Ludwigia palustris x repens
(Breitblättrige Bastardludwigie)

Eine der schönsten und besonders gut wachsenden Ludwigien mit sehr großen, runden Blättern, die bei viel Licht an der Oberseite rosa angehaucht sind. Diese Pflanze kam als *Ludwigia spec. „Mexiko"* zu uns.

Ludwigia palustris x repens.

Ludwigia arcuata.

Ludwigia brevis (Kurzstielige Ludwigie)

Der vorherigen Art sehr ähnlich und kaum von dieser zu unterscheiden. Sie braucht sehr viel Licht, dann kann sie intensiv rot werden. Man sollte sie in den Vordergrund pflanzen, damit sie zur Geltung kommt.

Ludwigia inclinata

Eine problematische Ludwigienart mit wechselständigen Blättern, die am besten in weichem und saurem Wasser zu pflegen ist. Sie braucht sehr viel Licht, wenn sich ihre Blätter unter Wasser rot färben sollen. CO_2 ist empfehlenswert.

Ludwigia perennis.

Ludwigia perennis (Rote Stern-Ludwigie)

Eine neue, schwierig zu pflegende Ludwigien-Art mit langen, spitzauslaufenden, spiralig angeordneten, wechselständigen Blättern, die bei genügend Licht rötlich bis rot sind.

Für ihre Kultur empfiehlt sich neben sehr viel Licht, nährstoffreicher Bodengrund und CO_2-Düngung. Trotzdem wächst sie nicht immer zufriedenstellend, deshalb ist es in diesem Fall günstig, sie eine Zeit lang wieder emers zu kultivieren.

Ludwigia repens (Kriechende Ludwigie)

Sehr bekannte, relativ schmalblättrige Art, die gut wächst. Submers sind ihre Blätter unterseits tiefrot und oberseits olivgrün. Bei Einsatz von viel Licht sind auch die oberen Blätter rötlich gefärbt.

Von dieser Art gibt es einige Wuchsformen, darunter eine besonders schöne, rundblättrige, die auch als Luwigia ovaliformis bezeichnet wurde.

Ludwigia repens x arcuata (Schmalblättrige Bastardludwigie)

Bei viel Licht ist sie sehr schön goldbraun gefärbt.

Ludwigia repens.

Lysimachia nummularia (Pfennigkraut)

Braucht sehr viel Licht und eignet sich nur für Aquarien bis maximal 24°C. Bei höheren Temperaturen vergeilen die Pflanzen sehr schnell. Mit ihren runden, hellgrünen Blättern können sie sehr schöne Kontraste zu andersfarbigen Pflanzen bilden. Es gibt auch eine goldgelbe Variation, die als L. n. var. aurea bezeichnet wird.

Heimat:	Europa, Südostasien, Madagaskar und wahrscheinlich auch eingebürgert in anderen Ländern
Lichtbedarf:	hoch bis sehr hoch
Temperatur:	5–24°C
Wachstum:	mittel
Vermehrung:	Stecklinge

Das gelbe Pfennigkraut, Lysimachia nummularia var. aurea.

Es gibt verschiedene Kleefarn-Arten, die sich unter Wasser nicht unterscheiden lassen.

Marsilea-Arten (Kleefarn-Arten)

Es gibt etwa 70 Arten, die für den Laien schwer bestimmbar sind. Emers werden sie recht groß, nur der Zwergkleefarn (*Marsilea crenata*) bleibt mit etwa 5 Zentimetern klein und ist deshalb leicht als diese Art zu erkennen. *Masilea* sind Pflanzen mit kriechender Sproßachse, die emers das Aussehen von vierblättrigem Klee (Glücksklee) haben. Submers sind sie sehr klein und bilden dichte Rasen. Sie werden deshalb gern als Vordergrundpflanzen verwendet. Ihre Blätter haben submers eine andere Form und sind ein- bis vierblättrig.

Heimat:	Kosmopolit besonders der Tropen und Subtropen
Lichtbedarf:	mittel bis hoch
Temperatur:	18–26°C
Wachstum:	submers langsam bis mittel
Vermehrung:	durch Sproßstücke

Marsillea in Sumpfkultur.

Mayaca fluviatilis
(Flutendes Mooskraut)

Ist eine sehr schöne, hellgrüne, zarte Stengelpflanze mit wechselständigen, dicht angeordneten, schmalen Blättern. Sie benötigt viel Licht und gedeiht in weichem, leicht saurem Wasser besonders gut. Deshalb ist eine CO_2-Gabe sehr angebracht.

Heimat: südöstliches Nordamerika, Mittel- und Südamerika, Westindische Inseln
Lichtbedarf: hoch bis sehr hoch
Temperatur: 23–26°C
Wachstum: schnell
Vermehrung: Stecklinge

Mayaca fluviatilis.

Micranthemum umbrosum
(Rundblättriges Perlenkraut)

Eine zarte Sumpfpflanze mit kleinen, hellgrünen, runden, kreuzgegenständigen Blättern, die in ihrer Haltung recht anspruchsvoll ist. Sehr gute Beleuchtung, weiches bis mittelhartes Wasser und CO_2-Gabe sind empfehlenswert, dann kann man dieses Perlenkraut als Vordergrundpflanze einsetzen.

Heimat: südliche USA
Lichtbedarf: hoch
Temperatur: 18–24°C
Wachstum: mittel
Vermehrung: Stecklinge

Micranthemum umbrosum.

Microsorium pteropus
(Stufenfarn, Schwarzwurzelfarn, Javafarn)

Ein sehr begehrter Farn mit stark gestauchter, kriechender Sproßachse und langen, breitlanzettlichen und dunkelgrünen Blättern. Er darf nicht eingepflanzt, sondern soll an Steine oder Wurzeln angebunden werden. Bei ungestörtem Wachstum entstehen mit der Zeit große Büsche, weil sich zahlreiche Adventivpflanzen an den Blatträndern und auch an den drahtigen Wurzeln bilden. So entsteht ein etagenförmiger Wuchs, der ihm zu einem seiner deutschen Namen verhalf. Zur Vermehrung kann man die Pflanze teilen, aber immer so, daß relativ große Stücke entstehen, sonst gedeihen die Teilpflanzen nicht.

Neben der Normalform gibt es eine kleinblättrige und zwei von der Wasserpflanzengärtnerei Tropica als Sorten eingeführte Formen: *M. p.* 'Tropica' und *M. p.* 'Windeløv'.

Microsorium pteropus 'Mini', eine kleinblättrige Form.

Heimat:	Südostasien
Lichtbedarf:	gering bis mittel
Temperatur:	22–28°C
Wachstum:	langsam
Vermehrung:	Teilung, Abtrennen größerer Büsche von Adventivpflanzen

Die neue Form *Microsorium pteropus* 'Windeløv'.

Wuchsform *Microsorium pteropus* 'Tropica'.

Myriophyllum-Arten
(Tausendblatt-Arten)

Quirlständige Stengelpflanzen mit feinfiedrigen Blättern aus tropischen und subtropischen Ländern. Die einheimischen Arten sind für das Warmwasseraquarium nicht geeignet.

Heimat:	weltweit in gemäßigten bis tropischen Breiten
Lichtbedarf:	je nach Art mittel bis sehr hoch
Temperatur:	20–28°C (außer einheimische Arten)
Wachstum:	schnell

Myriophyllum aquaticum
(Brasilianisches Tausendblatt)

Eine amphibisch wachsende Pflanze, die bei uns während der warmen Jahreszeit auch emers am Gartenteich gepflegt wird.
Im Aquarium ist sie eine häufige Art, die bei viel Licht rotbraune Spitzen ausbildet.
Die bisher mit dem Namen *Myriophyllum elatinoides* bezeichneten Pflanzen sind nach neuesten Erkenntnissen keine eigene Art, sondern die männlichen Pflanzen von *M. aquaticum.*

Microsorium pteropus.

Myriophyllum aquaticum im Aquarium.

Myriophyllum simulans.

Myriophyllum tuberculatum wird immer noch fälschlicherweise als Myriophyllum matocrossense angeboten.

Myriophyllum matogrossense
(Mato-Grosso-Tausendblatt)

Ein durch seine Wuchsform äußerst dekoratives Myriophyllum, das aber einige Ansprüche an die Kultur stellt. Gute Beleuchtung und Nährstoffgrundlage sowie CO_2-Gabe sind Voraussetzung.
Die bisher unter diesem Namen gehandelte, rote Art ist nach neuesten Erkenntnissen Myriophyllum tuberculatum.

Myriophyllum pinnatum
(Rotstengliges Tausendblatt)

Wird im Handel meistens als M. hippuroides bezeichnet und ist eine sehr schöne und anspruchslose Art, die sowohl im Kaltwasser- als auch im Tropenaquarium gut gedeiht. Bei sehr guter Beleuchtung sind nicht nur die Stengel, sondern auch die quirlständigen und gefiederten Blätter rotbräunlich gefärbt und bilden dann einen wunderschönen Kontrast zu grünen Pflanzen.

Myriophyllum simulans
(Täuschendes Tausendblatt)

Fälschlicherweise als M. propinquum bezeichnet. Wächst sehr schnell und ist bestrebt, aus dem Wasser herauszuwachsen. In der emersen Form hat die Pflanze mit quirlständigen Nadelblättern Ähnlichkeit mit Hydrotryche hottoniiflora (Wassernadel). Unter Wasser bildet sie sehr feine quirlständige Fiedern.

Myriophyllum tuberculatum
(Rotes Tausendblatt)

Dieses häufig importierte und sehr dekorative braunrote, in der Pflege aber äußerst problematische Myriophyllum wurde und wird meistens unter dem falschen Namen Myriophyllum matogrossense gehandelt.
Oft währt die Freude an diesem Tausendblatt nicht lange, und es zerfällt sehr schnell. Man sollte es mit sehr viel Licht, weichem, salzarmem und leicht saurem Wasser, CO_2-Düngung und Temperaturen von 22–28°C versuchen.

Najas-Arten (Nixkraut-Arten)

Die *Najas*-Arten sind stark verzweigte, zierliche, meistens schnell wachsende Pflanzen, die dichte Gewirre bilden. Sie eignen sich deshalb gut als Versteckpflanzen für Jungfische und als Ablaichpflanzen. Wegen ihres „unordentlichen" Wuchses und Unkrautähnlichen Ausbreitens werden sie in holländischen Aquarien kaum verwendet. Dagegen sind es typische Pflanzen in japanisch eingerichteten Becken. Man hält sie dort rigoros mit der Schere auf richtiger Höhe, und ihr starkes Verzweigen ist hier erwünscht.

Obwohl es eine Menge Arten gibt, sind bisher nur wenige in der Aquaristik erprobt worden. Bekannte Arten sind *Najas conferta*, *Najas gualupensis*, und *Najas indica*. Die beiden letzten Arten brechen leicht, das erschwert auch den Transport.

Heimat: Kosmopoliten
Lichtbedarf: mäßig bis hoch
Temperatur: 18-28°C
Wachstum: schnell
Vermehrung: durch Sproßstücke

Najas indica.

Nesaea-Arten

Von dieser Gattung sind zwei Arten bei sehr guten Lichtverhältnissen gutem Nährstoffangebot und CO_2 für Aquarienhaltung empfehlenswert. Es handelt sich um Stengelpflanzen mit kreuzgegenständigen Blättern. Beide fallen durch ihr leuchtendes Gelbgrün, das an der Spitze rötlich angehaucht ist, auf.

Nesaea crassicaulis
(Dickstengliche Nesaea)

Nesaea pedicellata (Gestielte Nesaea)

Heimat: tropisches Afrika
Lichtbedarf: sehr hoch
Temperatur: 22–28°C
Wachstum: mittel bis schnell
Vermehrung: Kopfstecklinge

Blühende *Nesaea crassicaulis* in der Sumpfform.

Nuphar- und Nymphaea-Arten (Teichrosen- und Seerosen-Arten)

Die Unterwasserformen einiger Arten sind in schön bepflanzten Aquarium sehr dekorative Solitärpflanzen. Alle neigen jedoch mehr oder weniger stark zur Bildung von Schwimmblättern, die rigoros entfernt werden müssen. Um die Neigung zur Schwimmblattbildung zu veringern, sollte kein zu nährstoffhaltiger Bodengrund verwendet werden.

Heimat:	Kosmopoliten
Lichtbedarf:	hoch bis sehr hoch
Temperatur:	18–26°C für Pflanzen aus gemäßigten Klimaten, 22–28°C für Pflanzen aus tropischen Klimaten
Wachstum:	mäßig bis schnell
Vermehrung:	Rhizomteilung, Seitentriebe, Samen

Pflanzschalen mit Sämlingen von *Nymphaea lotus.*

Nuphar japonica (Japanische Teichrose)

Bildet unter Wasser zarte, pfeilförmige und am Rand stark gewellte, hellgrüne Blätter aus. Es gibt eine sehr schöne Varietät dieser Art, *Nuphar japonica* var. *rubrotincta*, deren submerse Blätter im Freiland rötlich aussehen. Im Aquarium reicht offensichtlich die Beleuchtungsintensität nicht aus, denn hier vergrünt sie.

Nuphar japonica.

Nuphar lutea
(Gelbe Teichrose, Mummel)

Es handelt sich um unsere einheimische Teichrose, die unter Naturschutz steht, deshalb darf sie nicht aus der Natur entnommen werden. Sie wird selten angeboten, läßt sich aber, wenn auch schwierig, in großen Mengen aus Samen heranziehen.
N. lutea bleibt im Aquarium sehr willig unter Wasser und wirkt sehr dekorativ durch ihr kontrastierendes Hellgrün.

Die Gelbe Teichrose *(Nuphar lutea)* bleibt im Aquarium lange unter Wasser. Sich bildende Schwimmblätter müssen immer rechtzeitig entfernt werden.

Nuphar sagittifolia (Pfeilblatt-Teichrose)

Hat schmale, pfeilförmige, rotbräunlich überzogene Blätter.

Nymphaea x daubenyana blüht auch im Aquarium.

Nymphaea x daubenyana (Daubenys Seerose)

Diese Seerosenhybride hat rötlichviolette Unterwasserblätter, treibt bald Schwimmblätter und blüht dann blaßviolett. Über die Schwimmblätter ist sie leicht vegetativ zu vermehren, denn an deren Stengelansatz bilden sich bei älteren Blättern Adventivpflanzen. Wenn man sie gezielt vermehren will, trennt man ältere, ausgereifte Blätter mit einem Stück Stengel ab und und läßt sie verkehrt auf der Wasseroberfläche treiben. Nach einiger Zeit bildet sich an jedem Blattstielansatz eine Jungpflanze, die sich dann auch zunehmend bewurzelt, während das Blatt zerfällt. Diese Pflanzen können bei ausreichender Größe eingepflanzt werden.

Nymphaea lotus (Tigerlotus)

Wird am häufigsten im Aquarium kultiviert und manchmal auch unter dem Namen *Nymphaea zenkeri* gehandelt. Sie eignet sich besonders gut, weil sie sehr lange in der submersen Form kultiviert werden kann. Wenn sie eine große Menge Schwimmblätter bildet, dann blüht sie einige Zeit später weiß (Nachtblüher). Man kann die Blüte künstlich bestäuben und so eine Samenbildung erreichen.

Es werden zwei Farbformen unterschieden: *N. l.* 'Grün' mit grünen Blättern, die rotbraun gefleckt sein können, und *N. l.* 'Rot' mit kräftig roten Blättern, die dunkel gefleckt sind.

Nymphaea lotus ist eine bewährte Seerosenart im Aquarium.

Nymphaea rubra (Rotblühende Seerose)

Eine Serose, die kugelförmige Rhizome bildet, und in dieser Form importiert wird. Aus dem Rhizom, das am besten nur auf den Bodengrund aufgelegt wird, treiben zunächst dreieckige, spitze Blätter aus, die mit zunehmendem Alter rund werden. Diese submersen Blätter sind grünlichrot bis dunkelrot. Eventuell sich bildende Schwimmblätter müssen entfernt werden.

Nymphaea lotus in der roten Form.

Nymphaea stellata (Sternseerose)

Auch diese Seerose wird als kugeliges Rhizom importiert. Sie eignet sich aber von allen hier beschriebenen Teich- und Serrosen-Arten für die Aquarienhaltung am wenigsten, weil ihre Unterwasserblätter bestrebt sind, der Wasseroberfläche entgegen zu wachsen, und sie ständig Schwimmblätter bildet, die entfernt werden müssen.

Nymphaea stellata.

Nymphoides aquatica (Wasserbanane)

Ist ebenfalls eine Schwimmblattpflanze, die aber im Gegensatz zu allen anderen *Nymphoides*-Arten sehr lange unter Wasser gehalten werden kann. Ihren Namen hat sie von den eigenartigen, gebogenen Wurzelknollen. Meistens werden nur diese als Nährstoffspeicher dienenden, bananenartigen Gebilde importiert, die man nicht einpflanzen darf, sondern nur auf den Bodengrund auflegt. Bald treiben dann Blätter und später auch Wurzeln aus. Man sollte die Pflanze am besten in den Vordergrund setzen. Sie läßte sich leicht durch ihre Schwimmblätter vermehren, die man wie bei *Nymphaea x daubenyana* beschrieben, abtrennen und auf der Wasseroberfläche treiben lassen kann. Emers kann man sie sogar aus Blattstückchen heranziehen. Diese werden mit den Nerven auf feuchten, sandigen Boden aufgelegt und durch Abdecken mit einer transparenten Folie vor dem Austrocknen bewahrt. Nach meinen Erfahrungen bilden die so nachgezogenen Pflanzen im Aquarium aber keine „Bananen". Auch die „Bananen" der Ursprungspflanze zersetzen sich nach einiger Zeit.

Heimat:	südliche USA
Lichtbedarf:	hoch
Temperatur:	18–28°C
Wachstum:	mittel bis langsam
Vermehrung:	Adventivpflanzen an abgetrennten Schwimmblättern

Wasserbanane *(Nymphoides aquatica).*

Ottelia alismoides
(Froschlöffelähnliche Ottelie)

Diese großwerdende und sehr dekorative Rosettenpflanze mit löffelähnlichen, hellgrünen Blättern an langen Stengeln ist eine echte, nur submers wachsende Wasserpflanze. Sie ist selten, weil sie sehr zerbrechlich und aus diesem Grunde schwer zu transportieren ist. Man sollte nährstoffreichen Bodengrund verwenden, CO_2-Düngung ist vorteilhaft. Nachdem sich die Pflanze gut entwickelt hat, bildet sie meistens reichlich Blüten, die selbständig Samen ansetzen. Die Keimung des Samens ist oft problemlos.

Heimat:	Nordafrika, Südostasien, Nordaustralien, teilweise auf südeuropäischen Reisfeldern als Unkraut eingebürgert
Lichtbedarf:	hoch
Temperatur:	22–26°C
Wachstum:	mittel
Vermehrung:	Samen, selten durch Seitensprosse möglich

Ottelia alismoides ist im Aquarium eine ungewöhnlich schöne Solitärpflanze.

Ottelia ulvifolia
(Meersalatblättrige Ottelie)

Sehr dekorative Pflanze mit rosettig angeordneten, breiten und bandförmigen Blättern. Bei nährstoffreichem Bodengrund und hohem Lichtangebot wächst sie relativ problemlos. Sie soll besonders gut bei leicht alkalischem pH-Wert gedeihen.

Heimat:	tropisches Afrika, Madagaskar
Lichtbedarf:	hoch
Temperatur:	22–26°C
Wachstum:	mittel-schnell
Vermehrung:	Samen

Pistia stratiotes
(Muschelblume, Wassersalat)

Rosettenförmige und Ausläuferbildende Schwimmpflanze mit hellgrünen filzigbehaarten Blättern und großen, dichten Wurzelbüscheln. Für Pflanzenaquarien nicht geeignet, weil sie die darunter befindlichen Pflanzen zu sehr beschattet. Durch ihr Wurzelwerk gut verwendbar als Ablaichpflanze und Versteck für Jungfische.
Wenn man sie durch Anbinden oder ähnliche Maßnahmen daran hindert, unkontrolliert auf der ganzen Wasseroberfläche zu schwimmen, kann sie in offenen Aquarien sehr dekorativ wirken. Sie bleibt im Aquarium wesentlich kleiner.

Heimat:	Kosmopolit tropischer und subtropischer Gebiete
Lichtbedarf:	hoch
Temperatur:	10–30°C
Wachstum:	schnell
Vermehrung:	Ausläufer

Muschelblume *(Pistia stratiotes)*.

Potamogeton-Arten (Laichkraut-Arten)

Von der überaus artenreichen Gattung haben sich nur sehr wenige Arten im Aquarium eingebürgert. Sie benötigen alle viel Licht und wachsen deshalb oft flutend am besten. Einige bilden auch Schwimmblätter aus. Beide Eigenschaften sind für ein Pflanzenaquarium unerwünscht.

Heimat: Kosmopoliten
Lichtbedarf: mittel bis hoch
Temperatur: abhängig von der Herkunft
Wachstum: schnell
Vermehrung: Stecklinge

Potamogeton gayi (Zierliches Laichkraut)

Diese feine, aus Südamerika stammende Laichkraut wird oft in Aquarien gepflegt. Man setzt es am besten so in den Mittelgrund, daß es ausreichend Licht bekommt.

Leider läßt sich die Pflanze durch kriechende Rhizome schlecht an einem bestimmten Platz halten.

Potamogeton gayi.

Potamogeton spec. „Vietnam"
(Vietnamlaichkraut)

Eine schöne Pflanze mit großen, transparenten und gewellten, grünen bis rötlichen Blättern mit einer netzartigen Gitterstruktur. Sie braucht viel Licht und wächst schnell zur Oberfläche. In den unteren Regionen neigt sie zur Verkahlung, so daß sie öfter nachgesetzt werden muß.

Potamogeton spec. „Vietnam".

Riccia fluitans
(Flutendes Sternlebermoos)

Schwimmpflanze, die in Form lockerer Polster an der Wasseroberfläche treibt, viel Licht benötigt und von verschiedenen Fischen (z.B. Labyrinthfischen und Eierlegenden Zahnkarpfen) gern als Ablaichpflanze genutzt wird. Besonders Jungfischen der Lebendgebärenden Zahnkarpfen dient sie als Versteckplatz. Durch den lockeren Wuchs beschattet sie die Unterwasserpflanzen nicht allzu stark.

In Pflanzenaquarien der japanischen Art wird *Riccia* unter Wasser kultiviert, indem man es auf Steine und Wurzeln aufbindet. Dadurch verliert es im Laufe der Zeit sogar seinen naturgemäßen Auftrieb. Bei sehr viel Licht assimiliert es dann stark und ist einer der besten Sauerstoffspender. Schon nach relativ kurzer Beleuchtungsdauer bilden sich überall größere, silbrig glänzende Sauerstoffblasen.

Heimat:	Kosmopolit
Lichtbedarf:	hoch bis sehr hoch
Temperatur:	18–27°C
Vermehrung:	durch Teilung der Polster, emers auch über Sporen.

Riccia fluitans.

Rorippa aquatica
(Wassermeerrettich)

Dunkelgrüne, kleine Sumpfpflanze mit sehr verschieden gestalteten Blättern, die auch als *Neobeckia aquatica* bezeichnet wird. Besonders bei emerser Haltung im Gewächshaus kann man die jahreszeitlich und lichtbedingten Veränderungen der Blätter gut beobachten: Im Sommer, wenn die Pflanzen auch blühen, sind die Blätter ganzrandig, im Winter fiederspaltig. Den Lichtverhältnissen entsprechend bilden sich auch die Blätter im Aquarium aus. Die Pflanze wächst unter Wasser sehr langsam und ist deshalb für den Vordergrund geeignet.

Heimat:	südliche USA
Lichtbedarf:	mittel bis gering
Temperatur:	20–25°C
Wachstum:	langsam bis sehr langsam
Vermehrung:	Blattstecklinge

Rorippa aquatica im Aquarium.

Auf Steinen aufgebundene *Riccia fluitans*.

Emerser Trieb mit Blüte von *Rorippa aquatica*.

Rotala-Arten

Die Pflanzen dieser Gattung sind bis auf *R. rotundifolia* durchweg problematisch im Aquarium.

Heimat:	Südostasien, Indien
Lichtbedarf:	hoch bis sehr hoch
Temperatur:	*R. rotundifolia* 18–28°C, alle anderen 24–28°C
Wachstum:	schnell
Vermehrung:	Stecklinge

Rotala macrandra
(Dichtblättrige Rotala)

Wird im Aquarium mit sehr unterschiedlichem Erfolg kultiviert. Es handelt sich um eine attraktive Stengelpflanze mit kreuzgegenständigen, sehr dicht stehenden, rötlichgelben Blättern, die zu grünen Pflanzen in wunderschönem Kontrast steht. Nach meinen Erfahrungen braucht sie unbedingt viel Licht, sehr hohe Temperaturen (28–30°C) und CO_2.

Rotala macrandra ist eine sehr schöne, aber heikle Aquarienpflanze.

Die Firma Dennerle bietet eine spezielle Form dieser Art *R. macrandra* 'Florida' an, die nicht ganz so anspruchsvoll sein soll und längere Blätter hat.

Rotala rotundifolia
(Rundblättrige Rotala)

Ihre namensgebenden runden Blätter findet man nur bei der emersen Kultur. Im Aquarium bildet sie kreuzgegenständige, langovale Blättchen aus, die je nach Beleuchtungsintensität grün bis dunkelrot gefärbt sein können.

Rotala rotundifolia.

Rotala wallichii (Mayacaähnliche Rotala)

Ihr deutscher Name, der sich auf *Mayaca fluviatilis* bezieht, bezeichnet sehr treffend den Habitus dieser Pflanze. Es ist sehr schwierig, sie mit ständigem Erfolg zu pflegen. Sie braucht sehr viel Licht und weiches, aber nährstoffreiches Wasser und CO_2.

Sagittaria-Arten
(Pfeilkraut-Arten)

Im Aquarium gepflegte Angehörige dieser Gattung sind durchweg sehr brauchbare Pflanzen. Sie werden aber heute relativ wenig gepflegt. Von Vallisnerien unterscheiden sie sich durch die stets gebogenen Blätter.

Heimat:	Amerika, Asien
Lichtbedarf:	mittel
Temperatur:	18–26°C
Wachstum:	mittel bis schnell
Vermehrung:	Ausläufer, teilweise Brutknollen und Samen.

Sagittaria graminea
(Breitblättriges Pfeilkraut)

Es handelt sich um sehr dekorative, breit- und langblättrige Rosettenpflanzen, die in ihrem Wuchs variieren und von manchen Botanikern unterschiedlichen Arten zugeordnet werden. So werden sie auch als Standortformen (Unterarten oder Hybriden) von *S. platyphyla* bezeichnet.

Sagittaria subulata (Kleines Pfeilkraut, Schmalblättriges Pfeilkraut)

Auch dieser Art variiert stark. Die niedrigbleibenden, die sich besonders gut für den Vordergrund eignen, werden untern den Namen *S. s. f. natans* oder *S. pusilla* gehandelt. Sehr selten wird eine breitblättrige und größer werdende Form, *S. s. f. kurtziana* gepflegt.

Rotala wallichii.

Die anspruchslose, ausläuferbildende *Sagittaria subulata* gibt es in verschiedenen Wuchsformen.

171

Salvinia-Arten
(Schwimmfarn-Arten)

Die bekannteste ist *S. auriculata*. Es handelt sich um Schwimmpflanzen-Arten, die wegen der Beschattung für Pflanzenaquarien nicht geeignet sind.
Als Nährstoffzehrer ist *Salvinia* jedoch relativ kurzzeitig in neueingerichteten Becken sinnvoll.

Salvinia auriculata (Schwimmfarn).

Samolus valerandi (Salzbunge)

Eine hellgrüne Rosettenpflanze mit Blättern wie Rapunzel, die im Handel auch als *S. parviflorus* oder *S. floribundus* zur Bepflanzung des Vordergrundes angeboten wird, jedoch nur selten zufriedenstellend im Aquarium wächst. Sie wird allgemein emers durch Samen vermehrt. Im Aquarium ist es manchmal möglich, das Rhizom zu teilen oder aus dem nach oben strebenden Blütenstengel mit wechselständigen Blättern Stecklinge zu schneiden, die sich willig bewurzeln.

Samolus valerandi, ist dekorativ, jedoch unter Wasser oft nicht sehr ausdauernd.

Heimat:	Europa, Mittelmeerraum, südliches Nordamerika
Lichtbedarf:	hoch
Temperatur:	18–26°C
Wachstum:	langsam
Vermehrung:	siehe Text

Emers gehaltener *Samolus valerandi* blüht und setzt auch Samen an. Der sehr feine Samen keimt ohne Probleme, und man kann daraus sehr viele Jungpflanzen heranziehen.

Pflanzenstraße mit *Saururus cernuus* gestaltet.

den Holländern in die Aquaristik eingeführt. Da sie im Aquarium nur langsam wächst, verwendet man sie vorzugsweise für die berühmten Pflanzenstraßen.

Heimat:	östliches Nordamerika
Lichtbedarf:	hoch
Temperatur:	möglichst nicht über 25°C
Wachstum:	langsam
Vermehrung:	Rhizomteilung (Rhizomschnittlinge)

Saururus cernuus (Eidechsenschwanz)

Diese Teichpflanze, die emers problemlos gedeiht und sogar winterhart ist, wurde von

Saururus chinensis (Chinesischer Eidechsenschwanz)

Ist der vorhergehenden Art sehr ähnlich, bleibt aber etwas zierlicher und kommt aus Asien. In den Kulturbedingungen gleicht sie *S. cernuus*.

Der asiatische Eidechsenschwanz *Saururus chinensis* ist zierlicher als sein nordamerikanischer Verwandter *Saururus cernuus*.

Shinersia rivularis
(Mexikanisches Eichenblatt)

Wird auch als *Trichocoronis rivularis* bezeichnet. Es ist eine außergewöhnlich schnell wachsende Stengelpflanze mit kreuzgegenständigen, eichenblattförmigen Blättern, die viel Licht braucht, schnell zur Wasseroberfläche strebt und die schönsten Blätter in der flutenden Form ausbildet. Die unteren Blätter sind meistens klein und nicht namenstypisch. Auch bei unzureichenden Lichtverhältnissen werden nur solche Blätter und lange Internodien gebildet.

Eine sehr schöne, aber häufig in die Stammform zurückschlagende Form dieser Art ist *S. r.* 'Weiß-Grün', wahrscheinlich durch einen Virus hervorgerufen.

Heimat:	südliches Mexiko
Temperatur:	18–28°C
Wachstum:	sehr schnell
Vermehrung:	Stecklinge

Diese weiß-grüne Form von *Shinersia rivularis* wirkt in der Sumpfform noch kontrastreicher in ihrer Färbung.

Blüte von *Shinersia rivularis*.

174

Sium floridanum (Floridamerk)

Die manchmal auch als *Sium californicum* bezeichnete Pflanze ist unserem einheimischen Großen Merk (*Sium latifolium*) sehr ähnlich, aber in der Blattstruktur meistens etwas zierlicher. Am Gartenteich gepflanzt, ist sie bei uns sogar winterhart. Es ist eine zartgrüne Rosettenpflanze mit Rosenblattähnlichen Blättern, die oft auch gefiedert sind. Im Aquarium sollte man sie freistehend als Solitärpflanze pflegen.

Sium floridanum als Solitärpflanze.

Heimat:	südöstliches Nordamerika
Lichtbedarf:	hoch
Temperatur:	10–26°C
Wachstum:	langsam
Vermehrung:	Adventivpflanzen am Blütenstengel oder emers über Samen

Stratiotes aloides (Krebsschere, Wasseraloe)

Die Krebsschere ist als dekorative, einheimische Teichpflanze bekannt. Sie ist eine flutende Rosettenpflanze mit oft bis 60 cm langen, schwertförmigen und scharfgesägten Blättern, die der Pflanze den deutschen Namen „Wasseraloe" einbrachten. Oft verankert sie sich mit ein bis zwei langen Ankerwurzeln im Boden. Zur Blütezeit taucht sie halb aus dem Wasser auf und blüht mit zweigeschlechtlichen, weißen Blüten. Diese Blüten ähneln einer Krebsschere, daher der zweite deutsche Name. Im Herbst taucht die Pflanze unter und überwintert auf dem Bodengrund. Zur Erhaltung ihrer Art bildet sie außerdem zahlreiche Winterknospen aus.
Kleinere Exemplare lassen sich leicht im Warmwasseraquarium eingewöhnen und dort flutend kultivieren. CO_2-Düngung ist vorteilhaft.

Heimat:	Europa
Lichtbedarf:	hoch
Temperatur:	bis 28°C
Wachstum:	mittel
Vermehrung:	Ausläufer

Ultricularia aurea (Goldgelber Wasserschlauch)

Die meisten Wasserschlauch-Arten sind im Aquarium problematisch. Mit dieser Art kann man es aber versuchen, sie kommt mit verschiedenen Wasserbedingungen zurecht. Es handelt sich um eine wurzellose, fleischfressende Pflanze, die mit Fangblasen versehen ist. Diese können jedoch teilweise auch fehlen. Mit den Fangblasen bewältigt sie Kleinstlebewesen bis zu Jungfischen.

Heimat:	Asien, Australien
Lichtbedarf:	hoch
Temperatur:	18–26°C
Wachstum:	schnell
Vermehrung:	Stecklinge (Sproßstücke)

Vallisneria-Arten
(Sumpfschrauben-Arten)

Neueren nomenklatorischen Änderungen nach Lowden zufolge werden alle bisher bekannten Vallisneria-Arten in nur zwei, nämlich in V. americana und V. spiralis, eingeordnet. Allerdings konnten die australischen Arten bisher noch nicht zugeordnet werden. Als Bestimmungsschlüssel zieht man die männlichen und weiblichen Blüten der getrenntgeschlechtigen Vallisnerien heran. Dies ist eine Bestimmungsvariante, die von Aquarianern kaum nachvollzogen werden kann und für sie unverständlich erscheint, zumal sich die bisher als eigene Arten geführten Pflanzen in ihrem Habitus doch sehr wesentlich unterscheiden.

Die grundständigen und ausläuferbildenden Vallisnerien mit durchweg bandförmigen Blättern sind schon sehr lange gepflegte und brauchbare Pflanzen für Aquarien. Sie stellen größtenteils nur geringe Ansprüche an die Lichtverhältnisse. Im Gegensatz zu fast allen anderen Aquarienpflanzen, die meistens in weichem und leicht saurem Wasser gut wachsen, haben die Sumpfschrauben ihr Wachstumsoptimum in leicht alkalischem, mittelhartem und hartem Wasser. Außerdem scheinen sie die Nährstoffe des Bodengrundes sehr stark auszunutzen. Deshalb kommt es häufig vor, daß sie nach einiger Zeit im Aquarium plötzlich nicht mehr wachsen wollen. Es genügt in diesem Fall, wenn man sie an eine andere Stelle umsetzt. Wegen ihrer Ausläuferbildung muß man im Pflanzenaquarium häufig einmal ordnend eingreifen, damit sie nicht das ganze Aquarium durchziehen.

Die sehr großen, über 2m werdenden Wuchsformen von V. americana var. americana (ehemals V. gigantea und V. neotropicalis) sind problematisch für schön bepflanzte Aquarien, weil sie sich infolge ihrer Länge an der Wasseroberfläche kringeln und dadurch sämtliches Licht abdecken. In hohen Becken können sie aber dekorativ wirken und wachsen dort als alleinige Arten auch gut.

Zu lang werdende Vallisnerien, die die Wasseroberfläche abdecken, kann man auch ohne weiteres am oberen Ende kürzen. Jedoch sollte nicht mehr als ein Drittel abgeschnitten werden.

Heimat:	tropische Gebiete (Philippinen, Südostasien, Australien, Amerika)
Lichtbedarf:	mittel bis hoch
Temperatur:	20–28°C
Wachstum:	schnell
Vermehrung:	Ausläufer

Vallisneria americana var americana (Amerikanische Wasserschraube, Riesenvallisnerie)

Hierzu gehören neben der Riesenvallisnerie (bisher Vallisneria gigantea), die über 2 m lang werden kann, mehrere, sehr verschiedene Wuchsformen, z.B. die ebenfalls sehr lange, bisherige V. neotropicalis und die kleinere, leicht geschraubte Form, bisher V. asiatica.

Die bisher als Vallisneria gigantea bekannte Art wird heute als Wuchsform von Vallisneria americana bezeichnet.

Die ehemalige *Vallisneria neotropicalis* wird heute als eine Form von *Vallisneria americana var. americana* bezeichnet. Sie ist sehr kältebeständig und übersteht bei uns milde Winter im Gartenteich. Bei flachem Wasserstand und viel Licht bleiben die Pflanzen kurz.

Die zu *Vallisneria americana var. americana* gehörende, bisherige *Vallisneria asiatica*.

Vallisneria americana var. biwaensis (Biwa-See-Vallisnerie)

Hierbei handelt es sich um eine neue, erst 1991 aus dem Biwa-See in Japan eingeführte Art mit spiralig gedrehten Blättern, die nur 20 bis 40 cm groß wird und bei niedrigem Wasserstand und guter Beleuchtung noch niedriger bleiben kann.

Vallisneria americana var. biwaensis.

Vallisneria spiralis var. spiralis (Gewöhnliche Vallisnerie)

Ihr wissenschaftlicher Name „*spiralis*" bezieht sich nicht auf gedrehte Blätter, sondern auf den spiralig gewundenen, sehr langen Stengel der weiblichen Blüten.
V. spiralis wird im Aquarium etwa 50 cm, kann aber bis 1 m groß werden. Zu dieser Art gehört auch eine sehr dekorative, 30–50 cm groß werdende Form mit spiralig gedrehten Blättern, bisher als *V. portugalensis* bekannt.

Vallisneria spiralis var. spiralis.

Vesicularia dubyana (Javamoos)

Ein in der Aquaristik sehr beliebtes Unterwasser-Moos, das große Büsche bildet, freischwimmend kultiviert werden kann, aber meistens an Steinen oder Wurzeln angebunden wird und sich dort verankert. Es ist sehr attraktiv und bildet zudem ein vorzügliches Ablaichsubstrat und Jungfischversteck. Javamoos ist anfällig gegen Verschmutzung und hält sich folgedessen nicht lange in Becken mit gründelnden und wühlenden Fischen. Es kann aber herausgenommen und ausgewaschen werden.

Heimat:	tropisches und subtropisches Südostasien
Lichtbedarf:	mittel bis sehr gering
Temperatur:	15–28°C
Wachstum:	langsam
Vermehrung:	Teilung

Das Javamoos *(Vesicularia dubyana)* ist vielseitig verwendbar.

Schlußbetrachtung

Ich habe versucht, dekorativ bepflanzte Aquarien und vor allem die Wege zu einem ästhetischen Ergebnis aufzuzeigen. Dabei habe ich es weitgehend vermieden, Perfektion bei Verwendung irgendwelcher Geräte und Chemikalien zu versprechen. Diese Perfektion, nur basierend auf bestimmten Dünge- und Meßmitteln sowie technischen Geräten funktioniert leider oft nicht, wenn das nötige Verständnis für die Zusammenhänge und der erfahrene Blick für Pflanzen fehlen.

Als Beispiele für die Bepflanzung habe ich nicht nur Spitzenaquarien, wie verschiedene holländische oder die äußerst gekonnt arrangierten Becken von Takashi Amano abgebildet, sondern auch viele durchschnittlich gut bepflanzte Aquarien. Sie werden selbst sehen, daß ein dicht und durchdacht bepflanztes Aquarium immer eine anziehende Wirkung auf den Betrachter ausübt.

Bei meinen Recherchen für dieses Buch und bei meinen Reisen auf der Suche nach schön bepflanzten Aquarien habe ich feststellen müssen, daß man tatsächlich alles kaufen kann: Die verschiedensten Formen, Größen und Ausführungen von Aquarien, die verschiedensten Konstruktionen von Filtern, die verschiedensten Konstruktionen von CO_2-Geräten, Durchlüftungsgeräten, eine große Menge verschiedener Bodengrund- und Flüssigdünger, sowie alle möglichen Meßreagenzien und Meßgeräte. Aber die für die entsprechenden Aquarien angebotenen Beleuchtungen sind mit Ausnahme der HQL-Lampen, die man in Höhe und Anzahl selbst über dem Aquarium montieren muß, für ein Pflanzenaquarium unzureichend. So wird ein käufliches Aquarium mit einer Höhe von 50 Zentimetern und einer Tiefe von 50 Zentimetern oft mit einem Beleuchtungsaufsatz von zwei Leuchtstofflampen ausgeliefert. Das ist bestenfalls

Foto: J. Vente

für ein Cichlidenbecken ohne Pflanzen ausreichend, wird leider aber auch infolge falscher Beratung, von Kunden gekauft, die ihr Aquarium schön bepflanzen wollen. Die Aquarianer, die solche Komplettbecken kaufen, geben sich oft die größte Mühe, um Pflanzen darin zum Wachsen zu bringen, es will ihnen aber einfach nicht oder nur ungenügend gelingen. In ihrer Verzweiflung suchen sie die Fehler in unzureichender Düngung des Bodengrundes, in unzureichender Düngung des Wassers, in ungenügender Filterung, im Fehlen an CO_2-Geräten usw. Alles wird schließlich gekauft, und trotzdem erlebt man damit nur neue Enttäuschungen, weil statt der Pflanzen oft nur die Algen wachsen. Es wird viel Geld ausgegeben um sich dann schließlich mit einer geringen Artenvielfalt von sogenannten Schattenpflanzen und mit spärlichem Pflanzenwuchs zufrieden zu geben. Es heißt dann: „Mit dem Aquarium hat es nicht funktioniert!"

Tatsächlich gibt es denselben Beleuchtungsaufsatz meist auch mit der doppelten Anzahl von Leuchtstoffröhren zu kaufen, in diesem Fall 4, und damit liegt man genau richtig.

Informieren Sie sich ausreichend und versuchen Sie es niemals mit unterdimensionierter Beleuchtung! Notfalls müssen Sie die Beleuchtung für ein schön bepflanztes Aquarium selbst bauen.

Technische Spielereien, wie das nach und nach Zu-und-Abschalten von Leuchtstofflampen (siehe Seite 18) werden mit der natürlichen Beleuchtung der Pflanzen durch die Sonne begründet: Der Einfallswinkel der Sonne in das Wasser und damit der Lichtverlust durch Reflexion an der Wasseroberfläche sind in der Natur je nach tageszeitlichem Sonnenstand unterschiedlich. In Wirklichkeit sucht man meistens nur eine Möglichkeit, um das bei optimaler Beleuchtung oft sehr üppige Pflanzenwachstum etwas zu drosseln. Dieses Pflanzenwachstum verursacht nämlich Arbeit. Ich warne davor, sich auf so etwas einzulassen. Es ist besser, ein gutes, als ein stagnierendes Pflanzenwachstum zu haben.

Desweiteren warne ich davor, der Behauptung zu glauben, Aquarien brauchten nicht so stark beleuchtet zu werden. Es werden oft Einzelbeispiele angeführt, wo Aquarienpflanzen (niemals rote) über Jahre bei geringer Beleuchtung zufriedenstellend wachsen. Solche Beispiele gibt es tatsächlich. Sie beruhen auf der Anpassungsfähigkeit von Aquarienpflanzen über einen sehr langen Zeitraum. Wenn man mit einem Aquarium beginnt, kauft man Pflanzen aus dem Zoo-Fachhandel, und diese wuchsen vorher unter optimalen Bedingungen, teils emers in den Tropen. Solche Pflanzen haben schon große Schwierigkeiten, um sich an die wesentlich schlechteren Bedingungen in einem optimal beleuchteten Aquarium zu gewöhnen.

Während meiner zehnjährigen, professionellen Wasserpflanzenvermehrung habe ich neben dem auf Seite 14 angegebenen Bodengrund nur mit ausreichender Beleuchtung und täglichem Teilwasserwechsel gearbeitet. (Dieser extrem häufige Wasserwechsel war vor allem wegen unseres damaligen Leitungswassers mit einem Nitratgehalt um 100 mg/l notwendig.) Außerdem habe ich besonders für rote Pflanzen (je nach Aussehen der Pflanzen) eine Eisendüngung angewendet. Nur im Winter, wo der Bedarf an Pflanzen allgemein sehr hoch ist, wurde dann notgedrungen versucht, durch CO_2-Gabe den Zuwachs noch zu erhöhen. Daher bin ich überzeugt, daß man einen gesunden und üppigen Pflanzenwuchs ohne jegliche weitere Maßnahmen erhalten kann. Für ein gut bepflanztes Aquarium dürfte ein wöchentlicher Teilwasserwechsel von einem Viertel bis zur Hälfte ausreichend sein. Der häufig empfohlene nur 14-tägige Teilwasserwechsel ist meines Erachtens in den meisten Fällen bei dichter Bepflanzung und oft auch reichlichem Fischbesatz zu gering und erfordert deshalb eine zusätzliche, wirksame biologische Filterung und je nach Ausgangswasser manchmal auch eine Zusatzdüngung.

Technische Geräte können sehr sinnvoll sein, aber man sollte sie nur einsetzen, wenn zuerst die Grundvoraussetzungen – optimale Beleuchtung und ausreichender Wasserwechsel – erfüllt sind.

Erfolge mit Aquarienpflanzen sind nicht über Nacht zu erzielen. Oberstes Gebot ist Geduld!

In diesem Sinne wünsche ich Ihnen viel Freude mit Ihrem eigenen Pflanzenaquarium.

Literatur

Amano, T. (1992): Nature Aquarium World.
Marine Planning C., Tokio

-: (?): The Nature Aquarium - ADA Concept.
Aqua Design Amano Co.LTD

-: (1994): Pflanzenparadiese unter Wasser:
japanische Gärten im Aquarium.
Weltbild Verlag, Augsburg

-: (1996): Faszinierendes Aquarium:
Landschaften unter Wasser.
Weltbild Verlag, Augsburg

Barry, J. (1992): Aquarienpflanzen. 3. Auflage.
Tetra Verlag, Melle

Barth, H./Stallknecht, H. (1990):
Pflanzen fürs Aquarium. Urania-Verlag,
Leipzig, Jena, Berlin

Brünner, G. (1975):
Kleine Wasserpflanzenpraxis.
Tetra Verlag, Melle

Brünner, G./Beck P. (1990):
Neue Wasserpflanzen-Praxis. 6. Auflage.
Tetra Verlag, Melle

Dennerle, L./Lilge, H. (1990):
System für ein problemloses Aquarium.
Eigenverlag

Horst, K. und Kipper, H. (1983):
Die optimale Aquarienkontrolle.
Aquadokumenta-Verlag, Bielefeld

Horst, K. und Kipper, H. (1985):
Das Optimale Aquarium.
Aquadokumenta-Verlag, Bielefeld

Horst, K. (1986): Pflanzen im Aquarium.
Verlag Eugen Ulmer, Stuttgart

Jacobsen, N. (1982): Cryptocorynen.
Alfred Kernen Verlag

Kasselmann, C. (1995): Aquarienpflanzen.
Verlag Eugen Ulmer, Stuttgart

Mühlberg, H. (1980):
Das große Buch der Wasserpflanzen.
Edition, Leipzig

-: (1986): Vermehrung der Wasserpflanzen -
Auswahl-Fortpflanzung-Zucht.
Urania-Verlag, Leipzig, Jena, Berlin

Nieuwenhuizen, A.v.d. (1982):
Das Wunder im Wohnzimmer.
Alfred Kernen Verlag, Stuttgart

Paffrath, K. (1979):
Bestimmung und Pflege von
Aquarienpflanzen. 2.Auflage.
Landbuch-Verlag GmbH, Hannover

Rataj, K. (1975): Revision of the Genus
Echinodorus. Studie CSAV,
Academia, Praha

Rataj, K. und Horeman, T. (1978):
Aquarium Plants. T.F.H. Publications,
Neptun City

Schöpfel H. (1978):
Schöne Aquarien - aber wie?
AT-Ratgeberreihe,
Urania-Verlag Leipzig, Jena, Berlin

-: (1975): Keine Probleme mit Cryptocorynen.
AT-Ratgeberreihe, Urania-Verlag Leipzig,
Jena, Berlin

Wendt, A. (ab 1952):
Aquarienpflanzen in Wort und Bild.
A. Kernen Verlag, Stuttgart

Wit, H. C. H. de (1990):
Aquarienpflanzen. 2. Aufl.
Verlag Eugen Ulmer, Stuttgart

Sachwortverzeichnis

Die im Lexikonteil behandelten Pflanzen finden Sie dort in alphabetischer Reihenfolge